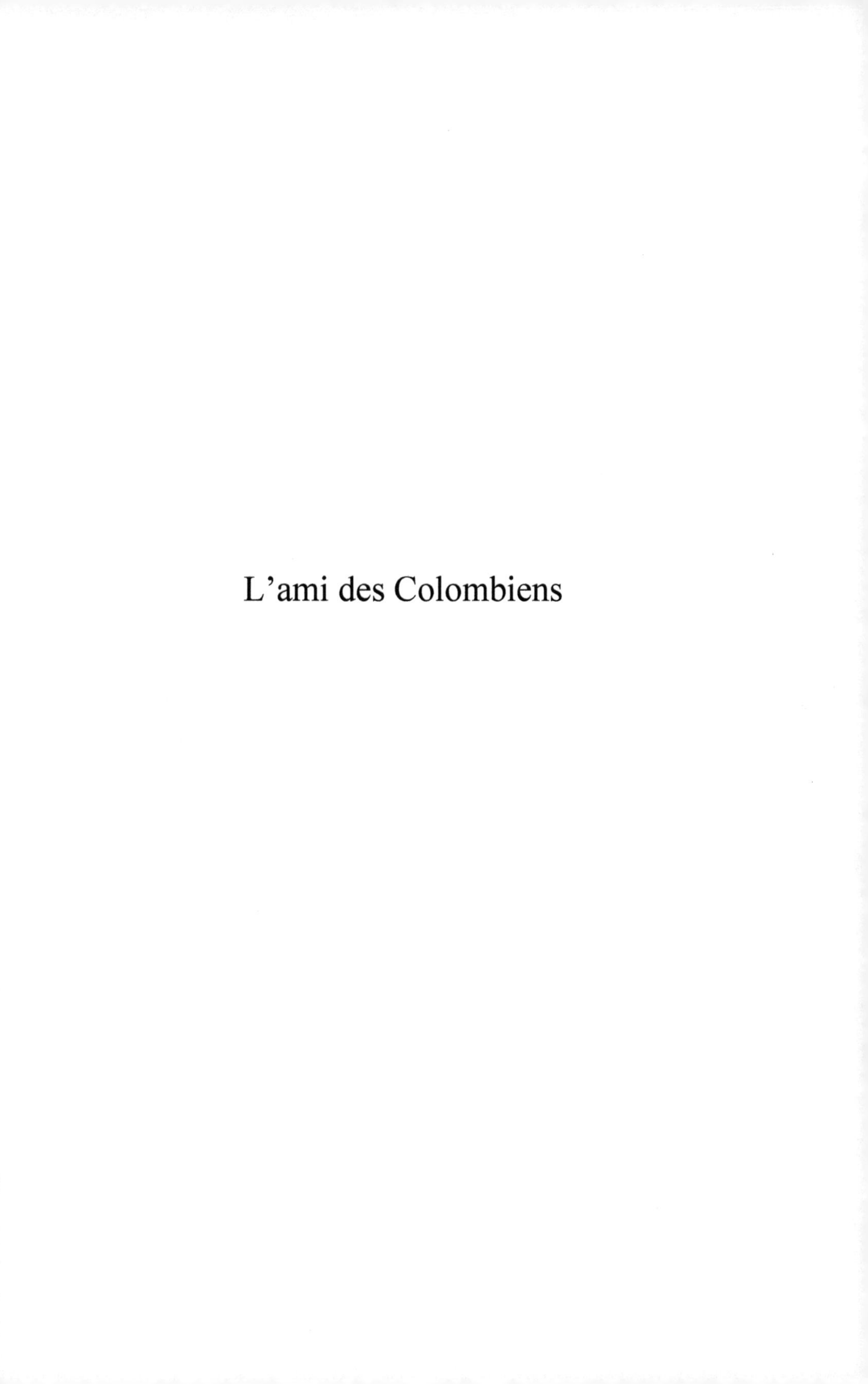

L'ami des Colombiens

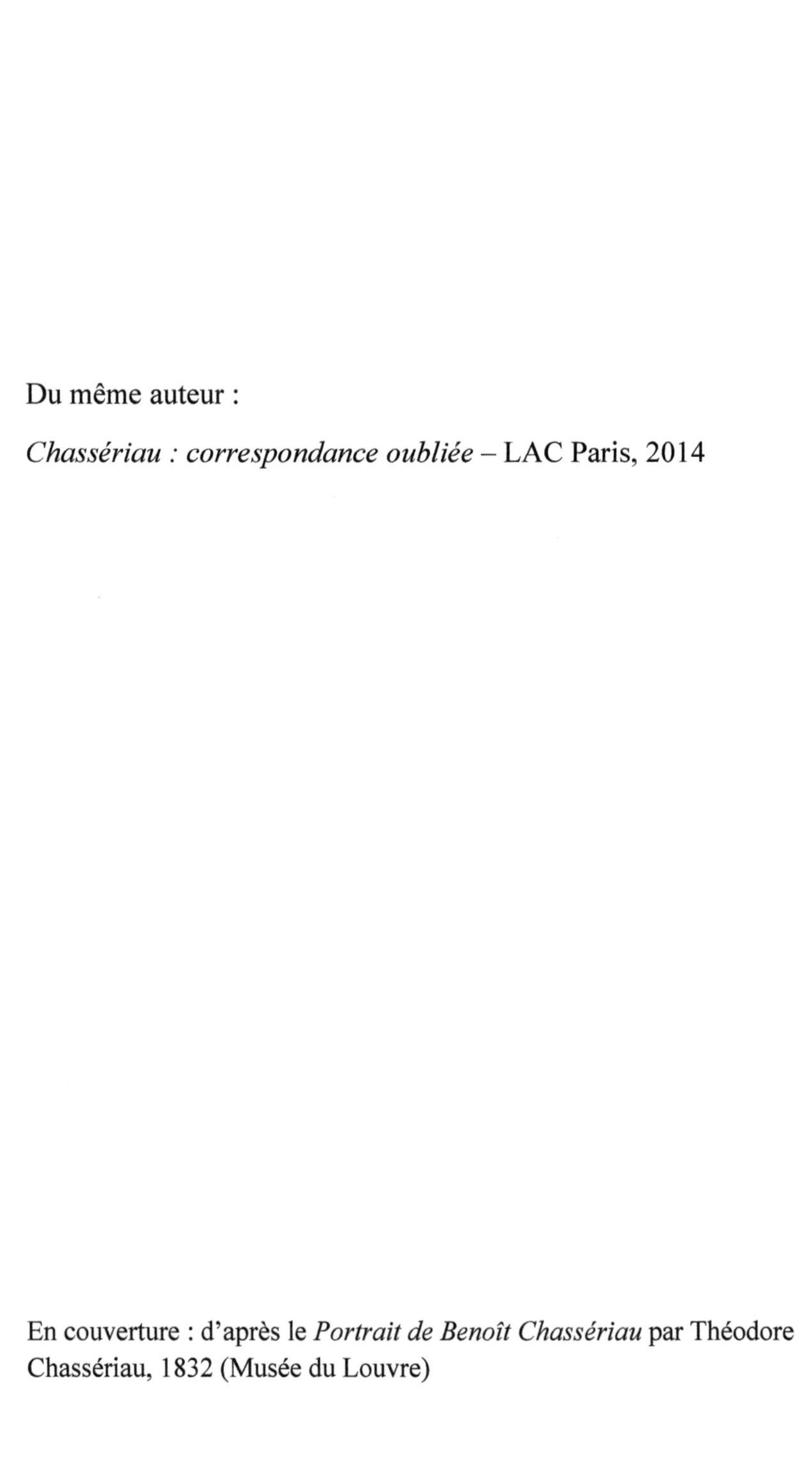

Du même auteur :

Chassériau : correspondance oubliée – LAC Paris, 2014

En couverture : d'après le *Portrait de Benoît Chassériau* par Théodore Chassériau, 1832 (Musée du Louvre)

Jean-Baptiste Nouvion

L'ami des Colombiens

Benoît Chassériau (1780-1844)

Préface de Patrick Puigmal
Université de Los Lagos (Chili)

LAC EDITIONS

LAC EDITIONS

31, avenue de La Bourdonnais - 75007 Paris (France)
email : edition.lac@gmail.com

ISBN : 978-2-9565297-0-5

à Prune, Myrtille, Félix et Violette,
que ces aventures en Colombie inspireront

Un homme qui est autant français que colombien, par naissance et par adoption. La République de Colombie n'oubliera jamais combien vous lui avez été un bon ami dans la disgrâce et que le moment est venu pour l'amitié. Maintenant qu'elle a triomphé de ses ennemis, qu'elle est constituée et attend d'être heureuse, elle veut chérir ceux qui l'ont servi avec un sentiment de justice.

Caracas - 1822

José María Salazar
Poète et diplomate colombien[1]

---

[1] José María Salazar (1784–1828) est l'auteur du premier hymne national colombien en 1814. Il fut ministre de la justice et représenta la Colombie à Washington et Paris.

Préface

Une histoire pour l'Histoire

Ce que vous avez entre les mains et que vous vous apprêtez à lire n'est pas un livre d'histoire mais une histoire personnelle profondément inspirée de documents historiques. Il n'est pas fréquent de trouver plusieurs centaines d'écrits, manuscrits pour la plupart, qui font revivre un ancêtre, oublié de la grande majorité de sa famille contemporaine et inconnu du public, même des spécialistes.

Le découvreur de ces documents, Jean Baptiste Nouvion, a pris sa plume et s'est transformé en Benoît Chassériau écrivant au XXIe siècle des mémoires incroyables, émouvantes et d'une totale réalité sur ce qu'a vécu son ancêtre à l'orée du XIX° siècle.

Ils sont très peu ceux qui connaissent en Europe les détails des luttes qui provoquèrent l'indépendance de plus de dix pays en Amérique latine entre 1810 et 1830. Ils sont encore moins ceux qui savent que de très nombreux Français participèrent à ces luttes : venant d'une Europe exsangue après trente années de guerres, révolutionnaires dans un premier temps et impériales ensuite, ils décidèrent de franchir l'Atlantique pour mettre au service des libérateurs leur épée, leur expérience et leurs convictions politiques.

Depuis le début des années 2000, nous poursuivons des recherches sur ces militaires et essayons de comprendre le sens de leur aventure, la portée de leur influence tant au niveau militaire que politique car, une des principales conclusions que nous avons pu déterminer, c'est qu'ils arrivèrent sur le continent américain avec des idées très précises sur le type de société qu'ils venaient construire : une société républicaine, libérale et représentative des peuples, modèle qui dans l'Europe de la Sainte Alliance n'avait aucune possibilité de se développer.

Benoît Chassériau n'est que l'un d'entre eux. Ils sont aujourd'hui d'après nos récents travaux dans toutes les archives du continent hispano-américain près de deux mille à avoir suivi la même destinée, abandonnant une France épuisée et sans futur à leurs yeux, pour se reconstruire une vie, un projet et une société.

Il n'est que l'un d'entre eux, mais pas n'importe lequel. Tous n'eurent pas le privilège de côtoyer des hommes de l'ampleur de Francisco de Miranda ou de Simón Bolívar. Tous ne purent, au cours de leur vie américaine, jouer des rôles aussi distincts qu'aventuriers, militaires, espions et agents diplomatiques.

De 1813 à 1824, Benoît Chassériau sera présent en Colombie, au Venezuela, à Panama, dans les Caraïbes où chaque île appartient à un pays différent sauf Haïti, la seule à avoir obtenu son indépendance pendant le Consulat, au terme d'une guerre sanglante avec la France. Saint-Domingue (comme s'appelait l'île avant sa séparation entre l'indépendante Haïti et l'espagnole Santo Domingo) constitue la porte d'entrée des Amériques pour la famille Chassériau. Une porte d'entrée qui conditionnera toute la vie de Benoît car plus que français nous le voyons à partir des documents d'archives et de ce texte se mettre dans la peau d'un natif des îles avec une grande capacité d'adaptation à des espaces et cultures aussi différentes que celles qu'il côtoiera. Non qu'il renonce à son pays, loin de là, il le servira constamment mais en essayant toujours de privilégier le lieu où il se trouve.

Félicitations à Jean Baptiste Nouvion qui nous permet ainsi de revivre grâce à son ancêtre ces épisodes peu connus de l'histoire de l'Amérique et met en lumière un personnage bien réel, malgré que ces mémoires soient contemporaines. Comme quoi, à notre avis, on peut sans encombre mêler l'écriture, les documents d'archives, l'imagination et l'hommage familial pour créer une histoire pour l'Histoire.

Patrick Puigmal

Docteur en Histoire
Professeur à l'Université de Los Lagos
Osorno, Chili

Entre 2013 et 2018, Patrick Puigmal a publié un dictionnaire biographique en trois volumes sur les soldats de l'Empire français ayant combattu lors des guerres d'indépendance en Amérique du Sud. Le 1er volume traite de la zone Argentine, Chili et Pérou, le 2nd des pays bolivariens (Bolivie, Colombie, Venezuela, Panama et Équateur) et le dernier concerne le Mexique, les Caraïbes, l'Amérique Centrale et le Brésil. La biographie de Benoît Chassériau se trouve dans le 2nd volume, pp. 162-164. Les trois volumes ont été édités par le Centre de Recherches Diego Barros Arana de la Bibliothèque Nationale de Santiago (DIBAM) au Chili. Ses recherches ont bénéficié de financements publics par l'intermédiaire de trois projets du Ministère de l'Éducation du Chili, Conicyt/Fondecyt n° 1050631, 1080063 et 1150263.

- I -

La Rochelle

***

Les Chassériau, négociants-armateurs à La Rochelle

Famille protestante de la Saintonge, les Chassériau étaient déjà au XVIIe siècle établis à La Rochelle et sans doute depuis une époque plus ancienne encore. Lorsque Louis XIV révoqua l'édit de Nantes en 1685, la branche dont je descends, se rangea à la religion du roi. Cette révocation aux conséquences si violentes fut en revanche pour d'autres Chassériau le signe de la fuite vers les principaux pays protestants, l'Angleterre et les Provinces-Unies des Pays-Bas. Je me souviens avoir pu consulter à Londres, le registre de l'église française de *Leicester fields*. On y rapportait qu'un certain Jacques Chassériau et sa famille s'y étaient présentés en 1714 pour faire "recognaissance" de leur faute, celle d'avoir assisté à la messe en France[3]. Ces cousins originaires de Niort devaient si bien prospérer à Londres que leur fils aîné devint gouverneur de l'hôpital de la Providence.

Dans le port de La Rochelle, Le négoce et l'armement de navire était l'activité à laquelle les Chassériau s'adonnaient depuis plusieurs générations. Mon père Jean Chassériau du Chiron, ne put y échapper et prit la suite de son père Mathurin à la tête de la maison de négoce *Chassériau Père et fils*. A l'instar des autres armateurs de la ville, il possédait des parts dans des navires prenant charge à La Rochelle. Notre maison fut longtemps prospère malgré la féroce concurrence des commerçants anglais et du conflit armé qui nous opposait à leur patrie.

---

[3] Henry Wagner, *Huguenot refugee family of Chassériau*, London 1885-1887

Mon père me raconta qu'au moins deux navires, dans lesquels ils avaient des intérêts, furent pris par les Anglais. En 1744, un premier bâtiment la *Vestale*[4] de trois cents tonneaux et armé seize canons quittait Rochefort pour faire voile vers Saint-Domingue où il devait repartir pour la Louisiane. Ce navire ne dépassa pas les côtes espagnoles et fut capturé par un vaisseau anglais à seulement cinq lieues de la Corogne. Dix ans plus tard, un deuxième navire, la *Ville de Rouen*[5] qui avait pris son chargement d'eau de vie et de sucre à Calais, fut lui aussi attaqué et confisqué par les Anglais. Quelque temps après, la perfide Albion s'immisça de nouveau dans la vie de mon pauvre père. En 1757, les Anglais envoyèrent une importante flotte avec à son bord onze mille hommes pour détruire nos ports de Rochefort et de La Rochelle. Pour se défendre, les négociants rochelais offrirent d'établir à leur frais des batteries de canons sur les remparts de la ville et de les garder nuits et jours en constituant la Compagnie des négociants. Parmi eux, se trouvait mon père qui y portait les galons de brigadier, ce dont la famille était extrêmement fière. Le sort fut heureusement favorable à La Rochelle et l'expédition anglaise se solda par un échec.

Les affaires allaient bon train et bien que commerçant avec la Louisiane, la Guadeloupe et surtout Saint-Domingue, principale destination des négriers[6], notre maison ne figurait pas sur la liste des quelque soixante-dix établissements protestants ou catholiques de La Rochelle, qui profitaient du commerce triangulaire. Seules des alliances au gré des mariages nous liaient aux familles protestantes Ranson et Seignette qui comptèrent parmi ces armateurs peu scrupuleux. Ce commerce répugnait mon père, qui avait été nommé conseiller perpétuel

---

[4] Archives départementales de la Charente-Maritime

[5] Le navire la *Ville de Rouen* était chargé par MM. veuve de Saint-Martin et fils, Jean Albert, Corby, E. Vivier, Chassériau du Chiron fils, Van Hoogwerff et fils aîné, Legrix jeune, Bedenc et Serres, Paul Fleuriau (*Le commerce rochelais au XVIIIe siècle, d'après les documents composant les anciennes archives de la Chambre de commerce de La Rochelle* par Émile Garnault - 1898)

[6] Il y eut 286 voyages liés à la traite des Noirs à Saint-Domingue, contre 17 pour la Martinique.

de l'hôtel de Ville de La Rochelle, une fonction non rétribuée qui ne se donnait qu'à des hommes intègres.

D'apparence indolente, ma mère Louise[7], était une créole de Saint-Domingue, qui n'avait guère le loisir d'élever sa nombreuse progéniture, composée de dix-sept enfants et dont j'étais le benjamin. C'est ma sœur Marguerite[8], l'aînée des filles, qui s'occupa de nous, à l'école ou au collège suivant nos âges. Fort intelligente, elle servait aussi de secrétaire à mon père, copiait ses lettres d'affaires et tenait les comptes. Tout se déroulait de façon heureuse jusqu'à une belle journée de printemps, le 23 mars 1785. Mon père revenait d'une séance à l'Hôtel de Ville et se mit à table avec nous comme il avait l'habitude de le faire. Le déjeuner commençait à peine lorsqu'on le vit pâlir, se jeter en arrière et perdre connaissance. On crut tous à un évanouissement, c'était une attaque d'apoplexie foudroyante. Le soir, il était mort, enlevé subitement à notre famille dont il était la tête et le cœur. Ma mère Louise avait dorénavant la charge des treize enfants encore vivants, le plus âgé d'entre eux, Jean-Mathurin avait trente ans et moi le plus jeune, qui n'avait pas encore fêté cinq ans. Elle montra plus de fermeté qu'on ne lui en avait supposée, puisqu'alors elle expédia mon frère Victor à Saint-Domingue afin d'y surveiller nos affaires et recouvrer les créances. D'importants capitaux étaient engagés et il était difficile malgré tout d'imaginer ma mère reprendre les rênes de l'entreprise. Lorsqu'il fallut liquider notre maison de négoce, c'est encore Marguerite que l'on chargea. Cette liquidation apparemment des plus honorables ne put toutefois s'accomplir sans de grandes pertes.

Parmi mes dix frères et six sœurs, aucun étonnamment ne reprit le négoce familial. En revanche, les liens tissés avec Saint-Domingue où était née ma mère ainsi qu'avec l'île Bourbon, se resserrèrent à l'occasion des mariages et des expéditions militaires menées par la

---

[7] Louise Morin est née vers 1737 à Léogane sur l'île de Saint-Domingue. Elle est issue d'une famille de négociants qui s'armait "D'or à tête de Maure de sable posées l'une sur l'autre"

[8] *Family history of the Chassériau* par Louise Swanton Belloc, petite-fille de Jean Chassériau (notes écrites vers 1870 et conservées au Girton College - Cambridge)

France. La fortune laissée par notre père, était toute relative et à présent insuffisante pour subvenir à l'éducation des enfants les plus jeunes. Il nous fallait trouver notre voie par nous-mêmes. L'époque des grandes expéditions en Egypte ou à Saint-Domingue et l'attrait du grand large nous amenèrent à chercher l'aventure et la fortune très loin de La Rochelle, en s'engageant dans les armées de Bonaparte. Ce fut les trajectoires choisies par trois de mes frères dont je restai proche et qui épousèrent eux aussi des filles créoles de Saint-Domingue : Henri, Frédéric et Théodore.

Saint-Domingue, terre d'espoir et de souffrance

Saint-Domingue, la plus riche de nos colonies grâce à la canne à sucre, au café ou à l'indigo continuait à nous faire rêver. Comme la plupart des familles aisées de La Rochelle, nous avions des représentants dans cette ile, où se concentraient toutes les relations commerciales de la Saintonge et du pays d'Aunis. Mon frère Henri y fut envoyé dès 1787 pour surveiller nos affaires. Les idées de la révolution en France avaient gagné Port-au-Prince et allaient définitivement bouleverser celle qu'on appelait la Perle des Antilles. Au début, l'idée d'être gouverné par Toussaint-Louverture, un ancien esclave affranchi devenu général de la République, ne déplaisait pas à Henri, au contraire. Mais Bonaparte n'appréciait pas les velléités d'autonomie de ce général noir, et le fit arrêter en 1801. On connait la suite de l'histoire. Cette partie de Saint-Domingue, celle du Port-au-Prince allait basculer dans le chaos pour devenir Haïti, la première nation noire à s'être libérée d'elle-même. A compter de cette époque, Saint-Domingue notre terre d'espoir et de débouchés devint celle de souffrances. Henri qui avait épousé la fille d'un propriétaire de sucrerie n'eut d'autre choix que de fuir cette île. Il embarqua pour le Venezuela pour former un nouvel établissement de négoce et n'y trouva que la mort, assassiné par des Espagnols.

Théodore[9] le frère pour lequel j'avais le plus d'affection prit lui aussi le parti de la fuite. Négociant au Port-au-Prince, il avait déjà connu la douleur de perdre sa jeune épouse, originaire de Petit-Goâve. Toujours seul et après quelques années dans des îles plus petites de la Caraïbe, il retourna à Paris où il accepta un peu contraint et forcé la position de commissaire de police dans le quartier du Mont-de-piété. Mon bon Théodore fut pour moi d'un secours dont je ne pourrais assez le remercier car pendant mes longues années d'absence de France, il fut un soutien inestimable pour mon épouse et mes cinq enfants. Je donnerais le prénom de Théodore à mon second fils[10] qui vit le jour à Saint-Domingue en 1819.

Frédéric[11] était mon troisième frère à quitter précipitamment Saint Domingue. Sa vie aurait dû être celle d'un riche propriétaire de l'île. Mais les évènements firent de son existence, l'une des plus romanesques que je connaisse. Mon aîné de seulement quelques années, Frédéric, s'engagea très jeune dans l'armée. Il fit partie de la première expédition de Saint-Domingue en 1792 comme lieutenant dans un régiment irlandais, passé au service de la France sous Louis XIV. Rapidement, il connut les geôles de l'île car avec six autres officiers, il fut condamné sans aucune forme de jugement, à la prison et à la déportation. L'origine irlandaise des officiers était mal vue par nos gouvernants à Paris. Plus jeune et résistant que les autres officiers, il fut le seul à en réchapper vivant. Après huit mois de captivité, Il réussit à s'évader et regagna le continent américain. Suite à l'abolition de l'esclavage vécue comme un cataclysme, un grand nombre de planteurs n'hésitèrent pas à appeler les Anglais à leur secours. Mon frère à cette occasion revint sur l'île et se mit au service de l'Angleterre. Il le resta jusqu'à la reddition des Anglais en 1798. Frédéric avait entretemps épousé Elisabeth, une jolie créole, petite-fille de l'armateur Charles Ranson[12], qui possédait d'importantes

---

9 A ne pas confondre avec le peintre Théodore Chassériau, second fils de Benoît Chassériau.

10 Le peintre Théodore Chassériau né en 1819 au Limón sur la presqu'île de Samaná (Saint-Domingue) et mort à Paris en 1856

11 Baron Victor-Frédéric Chassériau (1774-1815), général de cavalerie mort à Waterloo.

12 L'armateur Charles Ranson (1725-c.1789) possédait plusieurs navires parmi lesquels l'*Harmonie* de 80 tonneaux et *le Comte de Jarnac*. Dans les premières années de 1850, on le trouve négociant

plantations de café aux Fonds-Rouges et à la Ravine des Sables sur la presqu'île de Jérémie[13]. Le jeune couple vivait au Port-au-Prince, lorsque l'insurrection éclata en 1802. Les flammes ravageaient la ville et pendant que Frédéric se battait, Elisabeth et les enfants se réfugièrent à bord d'un vaisseau français, emportant avec eux le peu d'objets et vêtements qu'ils purent sauver du pillage. Ils ne durent leur salut qu'aux avertissements d'une domestique noire restée fidèle. De retour en France, Frédéric obtint sa réintégration dans l'armée napoléonienne, non sans fournir des explications sur son passé dans les rangs de l'armée anglaise...

Quelques années plus tard en 1808, lors de la désastreuse campagne d'Espagne, mon frère alors capitaine était porteur d'un message pour le général Junot. Escorté de dix-neuf hommes, il venait de franchir les gorges de la Sierra espagnole et se frayait une route à travers les bois. Mais à quelques lieues seulement de leur destination, un groupe de rebelles espagnols se tenaient en embuscade. Tous les hommes de l'escorte furent tués, à l'exception de Frédéric et du lieutenant qui prit la fuite. Mon frère, resté entre les mains des guérilleros, se vit sommé de livrer l'ordre de Junot, ce qu'il put refuser de faire, le message étant verbal. Un poignard sur la poitrine, il était promis à une mort certaine lorsque soudain un des assaillants le reconnut pour avoir à la tête de son bataillon, épargné un village que ses soldats voulaient incendier. Ce rebelle lui sauva la vie. Le lieutenant qui avait pris la fuite, fut le seul à rejoindre le quartier général de Junot. Se croyant l'unique rescapé, il

---

dans la ville de Québec et associé à Pierre de Jarnac, issu également d'une famille d'armateur rochelais. Les Ranson seraient parmi les négociants ayant pratiqué la traite négrière en association avec les familles protestantes Vivier, Jarnac et leurs cousins Seignette (*Les négriers : ou le trafic des esclaves* par André Ducasse, Hachette - 1948).

13 L'habitation dans les Caraïbes s'entend comme l'ensemble des bâtiments domestiques et industriels, ainsi que les esclaves, les terres, les cultures, le bétail et tous les ustensiles nécessaires à la vie sur l'exploitation. La famille maternelle d'Elisabeth, les Lebeau, était une des plus aisées de Saint-Domingue et possédait d'importantes plantations de café. L'habitation des Fonds-Rouges paya sa contribution jusqu'en 1796 pour financer le camp Desriveaux, dans lequel se tenaient enfermés 200 Blancs et 400 Noirs, armés par les colons dès le commencement des troubles. L'habitation de la Ravine des Sables, d'une superficie de 120 carreaux (près de 155 hectares), employaient encore en 1796 quelque 150 à 300 esclaves.

rapporta la mort du capitaine Chassériau qui fut annoncée à Elisabeth. Mais la réalité était tout autre. Blessé, il avait été envoyé sur les maudits pontons qui stationnaient devant le port de Cadix, des bagnes flottants restés célèbres pour leur insalubrité. Dix mois passèrent quand Elisabeth se trouva lors d'un dîner chez le banquier Bartholdi[14], assise à côté d'un officier tout juste de retour d'Espagne. Ignorant qui elle était, cet officier raconta qu'il venait de passer de longs mois sur un ponton avec pour compagnon de chaînes, son camarade Chassériau. A cette nouvelle, Elisabeth devint comme folle de joie et envoya chercher son fils Arthur au Lycée Napoléon[15]. Frédéric fut peu de temps après libéré à la suite d'un échange de prisonniers. Mais à son retour en France, il trouva sa femme hydropique et mourante. Elle s'éteignit alors qu'elle avait à peine trente ans. Après la prison, la ruine et la fuite de Saint-Domingue, après avoir été donné pour mort, emprisonné huit mois au large de Cadix et blessé une nouvelle fois à la bataille de Leipzig, mon frère aspirait au repos bien mérité du guerrier. Le destin en décida autrement.

Au soir de la bataille de Waterloo le 18 juin 1815 vers 16 heures, Frédéric chargea sabre au clair à la tête des cuirassiers du comte Milhaud lancés sur le Mont-Saint-Jean, où les troupes de Wellington étaient retranchées. Ordonnée par le maréchal Ney, cette dernière charge fracassante et audacieuse passe pour être la dernière grande charge de la cavalerie française. Elle fut aussi la dernière de mon pauvre frère qui périt au milieu de ses hommes, mortellement touché à la tempe. Il laissait derrière lui trois enfants, cette fois-ci véritablement pupilles de la Nation. Mon frère Théodore qui n'avait pas d'enfant devint leur tuteur et fut le plus doux des pères jusqu'à sa mort. Je pris ensuite Elise la plus jeune avec nous et considérais les deux fils plus âgés comme mes enfants[16].

---

14 Bartholdi avait acheté au maréchal Suchet son hôtel situé 16, rue de la Ville-l'Evêque.

15 Lycée Henri-IV à Paris

16 Louis Arthur Chassériau, contrôleur général de la liste civile de maison impériale de Napoléon III et colonel de la garde nationale en juin 1848 et Charles Frédéric Chassériau, architecte en chef de la ville d'Alger.

Dernier rejeton d'une famille de 17 enfants

Je suis le dernier d'une famille de dix-sept enfants, né le 19 août 1780, le même jour que notre poète Béranger[17]. Mes tendres années s'écoulèrent dans ce port de La Rochelle sous l'autorité d'un père affectueux, travailleur et juste. Je n'avais pas encore cinq ans lorsqu'il nous fut cruellement arraché. A partir de ce moment-là, laissé un peu à moi-même malgré mon jeune âge, je vécus des années de grande liberté. Il n'était pas rare que Frédéric et moi fassions l'école buissonnière au grand dam de nos sœurs chargées de nous surveiller.

En 1793, pendant l'époque funeste de la Terreur, j'allais vivre un évènement qui devint la légende de notre famille[18]. Le tribunal révolutionnaire avait ordonné la perquisition de notre maison, située rue du Palais à La Rochelle. Le motif en était que nous passions pour avoir, à tort ou à raison, des idées royalistes. Pendant cette perquisition qui amena accessoirement la découverte par les révolutionnaires de l'argenterie cachée dans le jardin, mon perroquet perché à une des croisées du premier étage, se mit à crier à plusieurs reprises et avec force "*Vive la RRRRévolution* !". Ce jour-là, il y avait marché dans la rue du Palais. La foule s'y trouvait nombreuse et la stupéfaction des spectateurs fut à son comble. Cette foule intercéda si vivement en notre faveur que les révolutionnaires n'eurent d'autre choix que de reconnaître qu'avec un pareil perroquet, nous ne pouvions avoir des sentiments contraires aux idées révolutionnaires. Grâce à cela notre maison fut sauvée du pillage et ma mère échappa à la prison.

Mais les conséquences n'en furent pas moins terribles car peu de temps après en 1794, ma pauvre mère disparut des suites de l'émotion causée par cette perquisition. Sa mort devait définitivement me

---

[17] Le chansonnier Pierre-Jean Béranger (1780-1857) remporta un énorme succès à son époque.

[18] D'après le récit en 1904 de la cousine du baron Arthur Chassériau, B. Parkers Belloc qui le tenait elle-même de sa belle-mère Nancy Swanton-Belloc

confronter à la dureté de la vie. Désormais, sans père ni mère et faute de moyens, j'étais contraint de quitter le collège. Je ressentis alors la nécessité de me suffire à moi seul et pris la ferme résolution de ne demeurer jamais à la charge de quiconque.

- II -

Campagne d'Egypte
(1798-1801)

***

Chargé de l'administration de deux provinces à 19 ans

Ayant atteint l'âge de travailler, je vécus quelque temps d'un petit emploi dans un bureau lorsqu'en 1798, Bonaparte forma une expédition pour l'Egypte. A dix-huit ans, l'attrait de cette lointaine contrée et l'éclat dont était environnée une telle entreprise ne pouvaient que me séduire. J'avais décidé de tout tenter pour faire partie de cette expédition militaire et me rappelai aux bons souvenirs du général Damas alors en partance pour l'Egypte[19]. Face à ma détermination, ce général consentit à me prendre auprès de lui comme secrétaire. Je suivis Damas dans toutes les campagnes, à l'assaut d'Alexandrie, à la prise de Rosette, à la bataille des Pyramides et même en Syrie, moi qui jusqu'ici n'avais que très occasionnellement quitté le port de La Rochelle... Lorsque Bonaparte regagna la France en août 1799, Kléber prit le commandement de l'armée d'Égypte et Damas devint son chef de l'état-major général. Damas montrait à mon égard une bienveillance toute paternelle, qui je dois dire me touchait énormément. Il me fit entendre que pour parvenir à une position meilleure, je devais quitter mon service auprès de lui. L'éloignement de ce mentor m'attrista, mais grâce à son appui, je fus chargé à dix-neuf ans, de l'administration de deux grandes provinces d'Egypte qui comprenaient les villes d'Alexandrie et Rosette[20]

[19] François-Étienne de Damas était le chef d'état-major du général Kléber, commandant la 1ère division de l'armée d'Egypte.

[20] En l'an 9, Chassériau était contrôleur du 2e arrondissement regroupant les provinces de Beny-Ssouef et du Fayoum et commandé par le général de division François Damas de l'Armée d'Orient

. Je me trouvai même un temps sous les ordres d'un autre brillant général, Auguste Belliard qui me gardera toujours dans son affection. Le hasard fit que mon frère Frédéric et son fils furent plusieurs années après attachés aussi à ce général.

La libération de l'équipage anglais du *HMS Cormorant*

Très tôt livré à moi-même, l'armée fut une seconde famille et la base de mon éducation. Entre soldats même de nations ennemies, nous partagions les mêmes valeurs et un code de l'honneur auquel je ne m'étais pas soustrait le moment venu en Egypte. Une corvette de la Royal Navy, le *Cormorant*, naviguait non loin des côtes égyptiennes avec à son bord d'importantes dépêches pour l'amiral anglais Sidney Smith. Ce navire avait atteint Benghazi le 15 mai 1800 et se dirigeait vers Alexandrie. Mais le lendemain après avoir essuyé de violentes pluies, le *Cormorant* fit naufrage au large de Damiette, port situé dans le delta du Nil à environ deux cents kilomètres du Caire. L'abandon du navire était inévitable et l'équipage réussit à atteindre le rivage à l'aide de radeaux confectionnés à la hâte. Le sort voulut que le capitaine Boyle qui commandait ce bâtiment et ses hommes tombèrent entre les mains de bandits arabes.

Je résidais à cette époque à Damiette et ne pouvais pas me résigner à laisser ainsi ces soldats, britanniques certes mais que je préférais encore combattre loyalement. Avec l'assentiment de mes chefs, j'obtins de racheter presque tout l'équipage du *Cormorant* à ses geôliers. Je réussis à obtenir la libération de ces hommes après plusieurs mois de captivité. Cela me valut les remerciements de l'amiral Smith, un chef ennemi redouté et respecté par tous et même de Kléber qui lui reconnaissait un esprit chevaleresque. Smith n'avait aucune haine contre un ennemi digne de lui.

(cf. *L'Honneur Français, ou Tableau des personnages qui, depuis 1789 jusqu'à ce jour, ont contribué, à quelque titre que ce soit, à honorer le nom français*, publié par Léopold Collin, libraire, rue Gît-le-Cœur, N°4 - Tome I, p.250)

Après cet événement, je continuai à administrer les deux provinces avec toute l'énergie, la volonté de bien faire et le cœur honnête d'un homme à qui Kléber avait donné sa chance. Je demeurai à ce poste jusqu'à notre triste capitulation en août 1801. Malgré la défaite, je quittai l'Egypte presqu'heureux et en tout cas honoré des témoignages de satisfaction des généraux Kléber, Damas, Bertrand et Desaix qui devinrent mes héros. Deux souvenirs de cette expédition en Egypte ne me quittent pas encore aujourd'hui, une mèche de cheveux de Kléber[21] et une boîte qui me vient du général Bertrand[22]. Tout ce que je rapportai de cette campagne fut une blessure suffisamment grave pour m'interdire en théorie tout nouveau service actif dans l'armée. Après avoir rempli pendant plus de deux ans, l'un des emplois les plus lucratifs de l'armée, je revoyais la France aussi pauvre que j'en étais parti.

A mon retour à Paris, le général Damas qui avait quitté l'Egypte quelque temps avant moi, connaissait la disgrâce. Bonaparte ne lui pardonna jamais son attachement à Kléber. Il vouait une haine à tout ce qui directement ou indirectement avait approché le brave Kléber. L'appui de Damas ne devait pas beaucoup m'aider pour retrouver rapidement une position, un besoin de plus en plus impérieux au vu de mes finances. Après avoir reçu de nombreuses promesses dont aucune ne s'était réalisée, je demandai à rejoindre l'armée que le 1er consul venait d'envoyer cette fois-ci à Saint-Domingue. Mon départ fut fixé pour le mois de décembre 1801.

---

[21] Le général Damas recueillit une mèche de cheveux de Kléber après son assassinat. Le fils de Damas l'offrit à Benoît Chassériau. A son tour le fils de Benoît, Frédéric Chassériau la donna en 1840 au comte de Las Cases.

[22] Le général Bertrand fit cadeau à Benoît Chassériau d'une petite boîte portant l'inscription suivante écrite de sa main : "*à M. Bt Chassériau en souvenir de l'expédition d'Egypte à laquelle il était attaché - Pierre et Saule du tombeau de Sainte Hélène - Bertrand*"

- III -

Île de Saint-Domingue (1802-1809)

***

L'expédition de Saint-Domingue (1802)

Bonaparte avait décidé d'envoyer trente-cinq mille hommes à Saint-Domingue, la plus belle de nos colonies, afin d'y rétablir l'autorité de la République, car Toussaint Louverture qui dirigeait la colonie, venait de s'autoproclamer gouverneur à vie, provoquant ainsi bien des inquiétudes à Paris et la colère du Premier consul. Pourtant, l'ancien esclave affranchi devenu général avait même jusqu'alors servi indirectement les intérêts de Bonaparte puisqu'il s'était occupé en personne de faire prospérer l'habitation des Beauharnais à Léogane. N'ayant rien à perdre et sans attache, je trouvai rapidement le moyen de rejoindre l'île de Saint-Domingue et faire partie de l'expédition où je suivais le comte Daure, un ancien de l'armée d'Égypte devenu ami[23]. Sur sa recommandation, le général Leclerc, capitaine général du corps expéditionnaire et beau-frère de Bonaparte, décida de m'employer auprès de lui à l'organisation administrative et militaire de la colonie. Ce poste ne m'effrayait aucunement, l'ayant déjà occupé en Egypte. Je restai attaché à Leclerc jusqu'à ce qu'il périsse en 1802, emporté par la fièvre jaune qui décimait l'armée française. Le général de Rochambeau,

---

[23] Hector Daure était commissaire ordonnateur de l'armée expéditionnaire de Saint-Domingue puis fut nommé ministre de la Guerre et de la Marine du royaume de Naples sous le règne du roi Murat. Il demeura jusqu'à sa mort un ami de Benoît et de son fils Frédéric à côté duquel il siégeait au Conseil d'Etat. Les Chassériau et leurs héritiers furent chargés de veiller sur la tombe du comte Daure au cimetière de Montmartre.

fils du héros de l'indépendance américaine, lui succéda et me chargea de réorganiser le service du Trésor de la colonie.

Toussaint-Louverture avait été neutralisé mais Dessalines un de ses anciens lieutenants, continuait la lutte. L'insurrection s'était réveillée au Port-au-Prince et au Cap Français, ville devant laquelle se trouvaient les hommes de Dessalines à la fin de l'année 1803. Les dernières troupes du corps expéditionnaire français furent écrasées et laissèrent derrière eux les colons blancs sans protection. A cette époque, mes frères se hâtèrent de quitter Saint-Domingue car Dessalines dont la devise était "la liberté ou la mort", s'était engagé à ce qu'aucun colon, ni aucun Européen ne mit plus le pied sur ses terres. La révolution de Saint-Domingue a tué quelque quarante-six mille soldats des deux couleurs auxquels s'ajoutèrent treize mille civils français et environ le même nombre de civils noirs ou mulâtres. Contrairement à mes frères qui avaient fondé une famille, rester sur l'île ne m'affolait pas. Ma position était des plus avantageuses et les perspectives que m'offrait un retour en France me semblaient bien limitées.

Lors de la capitulation de l'armée française, j'avais déjà quitté le Cap pour visiter les principaux ports de la colonie et me trouvai dans la partie espagnole de l'île, de l'autre côté des Montagnes Noires. C'est dans la ville de Santo Domingo que je fis la rencontre de Marie-Madeleine, une jeune et fort jolie créole. Son père Antoine Couret de la Blaquière, avant de fuir à Santo Domingo, possédait trois plantations de café dans la partie française de l'île. Deux se situaient au Mirebalais et la troisième, plus importante était perchée dans la montagne des Grands-Bois au nord-est de Port-au-Prince. Réputée l'une des plus belles de la montagne, elle se composait de trois habitations, la *Concorde* et l'*Epine* et la plus grande nommée *Lafitte*[24]. Ce fut grâce à quelques esclaves qui l'avaient accompagné dans sa fuitc, que Couret put subsister à Santo Domingo.

---

[24] L'habitation *Lafitte* achetée 390.000 livres en 1790 aux sœurs Cornill Lafitte, produisait 150.000 livres de café en 1796. La plantation des Grands-Bois employait 150 esclaves et il ne fallait pas moins d'une quarantaine de mulets pour descendre le café au Port-au-Prince.

Installé à Santo Domingo depuis plusieurs mois, j'entretenais avec Rochambeau des relations amicales malgré notre différence d'âge. J'avais vingt-deux ans et confiant dans l'avenir, je demandai à Couret la main de sa fille Marie-Madeleine. Notre mariage fut célébré par l'évêque dans la cathédrale de Santo Domingo et aussitôt après, nous nous étions installés rue Saint Dominique dans la grande maison des Couret. Bâtie en maçonnerie et recouverte de briques, elle disposait d'un étage entouré d'une belle galerie extérieure en bois comme la plupart des maisons importantes de la ville. Derrière, se trouvaient un jardin et une grande cour bordée de puits. Cette maison était probablement l'une des plus belles de Santo Domingo. Elle plut aussi au gouverneur de la colonie, le général Ferrand qui la racheta à ma belle-famille.

Seulement quelque mois après notre mariage, ma situation connut un tournant pour le moins inattendu. En août 1803, le chef de brigade Valdony reçut l'ordre de m'arrêter pour me conduire sous bonne garde auprès de Rochambeau[25]. J'étais accusé de concussions sur la somme considérable de trente mille francs. Le désordre qui touchait à présent toute la colonie, était propice aux soupçons et aux calomnies, d'autant plus que dans ce climat de guerre civile, les aventuriers en tous genres pullulaient. Je ne fus pas épargné. Mais ni mon éducation, ni mon attachement à l'armée française, une deuxième mère pour moi, ne m'auraient autorisé à un tel crime. Ces accusations de détournement d'argent public ne tinrent pas longtemps et s'il est une preuve de mon innocence, c'est que je ne perdis aucunement la confiance, ni de Rochambeau, ni de Ferrand.

---

[25] Lettre du chef de brigade, Joseph Valdony, au général de Rochambeau le 25 août 1803 dans laquelle il annonce l'arrestation de Chassériau qui lui sera envoyé sous la garde de Mr Griffaud (*A calendar of Donatien Rochambeau papers* (1755-1813) par Laura V. Monti - University of Florida Libraries, 1972, Gainesville)

Secrétaire général de la colonie (1804)

Les nouvelles venant de la partie française de Saint-Domingue, étaient tous les jours un peu plus mauvaises. Le rebelle Dessalines obtenait progressivement et partout la capitulation des Français, jusqu'à la victoire finale sur l'armée de Rochambeau en novembre 1803, à la bataille de Vertières près du Cap-Français. Le général Ferrand, qui s'était retiré avec un petit corps de troupes dans la partie espagnole, prit alors le commandement des forces stationnées là. Il me prit à ses côtés comme Secrétaire général de ce qui restait de notre colonie, c'est-à-dire la partie orientale de l'île. La partie occidentale était devenue indépendante depuis le 1er janvier 1804 et s'appelait dorénavant Haïti, un nom anciennement donné par les indiens. Haïti entrait ainsi dans l'Histoire comme la première nation, issue d'une révolte d'esclaves.

Quand le temps me le permettait, je me consacrais au métier de cultivateur pour aider mon beau-père vieillissant qui peinait à remonter tout seul une nouvelle plantation de café. Située à la jonction des fleuves Isabela et Ozama, juste à la sortie de Santo Domingo, elle portait le nom de *la Persévérance* et il en fallait. Cette plantation commençait à peine de fleurir et laisser entrevoir de belles espérances quand Dessalines, nouveau gouverneur à vie d'Haïti, montra des velléités d'annexer la colonie que nous nous acharnions à conserver. En mars 1805, son armée composée de quinze mille hommes se trouvait aux portes de Santo Domingo, défendu seulement par une garnison de six cents soldats. Sans l'apparition devant la ville des frégates françaises de l'amiral de Missiessy, Santo Domingo serait tombé entre les mains ennemies. Par une chance inouïe, nous pûmes rentrer l'atelier de la plantation sain et sauf dans l'enceinte de la ville. Dessalines qui avait établi son quartier général dans les plantations voisines, acheva de consommer notre ruine lorsque son armée, en se retirant, mit le feu aux établissements situés sur sa route. La *Persévérance* était de ceux-là. Malgré le découragement et des pertes importantes, nous avions encore confiance dans le secours du gouvernement français...

L'année suivante en 1806, le général Ferrand entreprit d'aménager la presqu'île de Samaná, idéalement située sur la côte nord. Son immense et magnifique baie offrait à la marine française un point de relâche et de ravitaillement idéalement situé. Notre commerce pourrait certainement y fonder un entrepôt de produits et trouverait des débouchés importants avec les îles voisines de Porto Rico et Cuba ainsi qu'avec l'Amérique espagnole. Le génie militaire se rendit à Samaná pour y effectuer le tracé d'une ville nouvelle qui restait à construire. Ferrand était enthousiaste et appela les cultivateurs à rejoindre ce projet par des proclamations des plus séduisantes. Mon beau-père fut l'un des premiers à obtenir une concession à Samaná où il s'installa en 1806 avec une trentaine d'esclaves.

Planteur à Samaná à la suite d'un duel (1807)

Quelques mois plus tard, c'était à mon tour de solliciter une concession à Samaná, une concession dont j'allais profiter plus tôt que prévu. En effet contre toute attente, je démissionnai de ma position de Secrétaire général. La cause réelle et demeurée quelque peu cachée en était le duel qui m'avait opposé le lendemain de la Saint-Louis, le 26 août 1807, au lieutenant-colonel Joseph Ruiz, un militaire espagnol attaché à l'état-major du général Ferrand. Que le Secrétaire général ait affronté un officier supérieur, qui plus est espagnol, avait provoqué un certain malaise. L'issue de ce duel aggrava un peu davantage mon cas puisque j'en sortis vainqueur et eus le malheur de blesser mon adversaire. Il n'en demeura pas moins que je continuai à entretenir les meilleurs rapports avec Ferrand.

A la fin du mois d'août, je quittai notre maison de Santo Domingo pour une nouvelle vie à Samaná. Cette maison, qui avait vu naître en février mon premier fils Frédéric-Victor, bénéficiait d'un emplacement extraordinaire pour qui s'intéresse à l'Histoire de l'Amérique[26]. Située sur

26 La maison de Benoît Chassériau était située 23, place d'Armes à Santo Domingo.

la place d'Armes, ses fenêtres faisaient face au palais de l'Alcazar de Diego Colomb, fils du Grand Amiral Christophe Colomb. C'est aussi de ce petit palais que Pizarro, Cortés et Velázquez avaient planifié leurs conquêtes en Amérique.

Pressé par mon beau-père, j'avais donc fini sur cette presqu'île enchanteresse de Samaná. Je voyais qu'avec l'âge, il rencontrait plus de difficultés qu'autrefois et il ne tarda pas à me confier la gestion de ses affaires, ce que nos deux concessions permettaient aisément, car elles étaient voisines. La sienne se nommait la *Persévérance* comme celle de Santo Domingo[27]. J'appelai la mienne *Mont Rouge.* Idéalement situées à côté de la rivière du Limón, toutes deux étaient assez semblables et s'étendaient chacune sur cent trente hectares. Grâce à ses conseils, alors que je n'entendais rien jusqu'alors à l'agriculture, je m'investis entièrement dans ce nouveau métier de planteur. Après plusieurs mois de dur labeur, *Mont Rouge* produisait déjà vingt-cinq mille livres de café.

Douze esclaves étaient employés aux quinze hectares de café et dix hectares de bananeraie. Le reste de la propriété était planté en bois debout avec six hectares de savane. Je me souviens encore du prénom de chaque esclave qui avait travaillé à *Mont Rouge*. Il y avait le commandeur Isidore qui était chargé de surveiller les autres esclaves, Antoine, Paul, Eole, George, et le jeune Auguste qui avait douze ans ; et les femmes Olivette, Saintes, Virginie, Susette, Annette et la plus jeune Georgette âgée de dix ans. Ces noms très chrétiens leur avaient été donné au cours du voyage qui les avait arraché à leur terre d'Afrique et mené en Jamaïque où pour la plupart nous les avions achetés. Le traitement réservé à ces hommes et femmes était dans cette partie de l'île, meilleur que celui des esclaves de l'ancienne partie française de Saint-Domingue. Non pas nécessairement que les maîtres de la partie espagnole étaient plus humains, mais contrairement aux anciens

27 En 1806, Couret avait acquis à Samaná, une habitation plus petite et en mauvais état, baptisée *Petitoa* du nom de son ancien propriétaire M. Petiton. Elle se composait de deux pièces de cannes à sucre, un bananeraie de 3 carreaux, quelques pieds de café, des orangers et citronniers, huit cases dont deux avec un étage, toutes palissadées et couvertes en paille, un moulin en bois et trois chaudières à sucre. Théodore Chassériau naquit dans cette habitation en 1819.

propriétaires du Cap ou du Port-au-Prince, leur fortune ne leur permettait pas d'acheter aisément de nouveaux esclaves. Aussi étaient-ils attentifs à leur santé. Il n'était pas rare que les esclaves soient soignés comme les maîtres ou leurs enfants.

A *Mont Rouge*, nous considérions les esclaves davantage comme des domestiques. Agir autrement aurait été contraire à l'éducation que j'avais reçue de mon père, et à celle que je transmettais à mes enfants. Au contraire, mes sentiments étaient favorables à l'émancipation des esclaves que les récents développements dans cette région du monde rendaient inévitables et nécessaires. Bien plus tard, mon fils Frédéric dont les sentiments vis à vis de l'esclavage étaient connus, fut chargé de préparer un exposé sur la manière dont les Anglais l'avait aboli dans leurs colonies. Cette mission visait évidemment à préparer le terrain à une future abolition de l'esclavage dans les nôtres[28]. Le choix de mon fils pour une telle entreprise fut une grande fierté pour nous. Il faudra néanmoins attendre l'année 1848 pour que la fin de l'esclavage soit votée en France.

Nous menions enfin une vie paisible à Samaná lorsque la guerre éclata en 1808 entre la France et l'Espagne. Nous vivions au sein d'une population espagnole presque francisée qui depuis longtemps faisait corps avec nous contre les révoltés d'Haïti, nos ennemis communs. Mais les rapports allaient rapidement se dégrader et les Espagnols nous devenaient de plus en plus hostiles. Les gouverneurs de Porto Rico et de La Havane secondés par les Anglais, étaient parvenus à les agiter et leur avaient fourni armes et munitions. Le général Ferrand qui naguère était adoré de cette population, chercha vainement à faire entendre sa voix jusqu'à présent si persuasive. A la tête de quatre cent cinquante soldats français contre deux mille trois cents Espagnols, il fut vaincu et de

---

[28] Frédéric-Victor-Charles Chassériau (1807-1881) fut chargé en août 1839 de préparer un exposé sur l'émancipation des esclaves dans les colonies anglaises depuis 1792. L'objectif de cette analyse visait à ce que l'exemple de l'Angleterre ne fut pas perdu pour la France si elle se décidait à suivre la même voie à l'égard de ses colonies. Frédéric Chassériau présenta en 1840 à l'amiral Roussin, ministre de la Marine et des Colonies ses travaux qui furent par la suite publiés sous le titre de *Précis de l'abolition de l'esclavage dans les colonies anglaises (Imprimerie royale, 1841).*

désespoir se brûla la cervelle en novembre 1808. Les quelque hommes qui réchappèrent de cette expédition rejoignirent les forces du général Barquier à Santo Domingo.

Emprisonné par les Espagnols à Samaná (janvier-juin 1809)

Peu de temps après la funeste disparition du général Ferrand, les Espagnols vinrent m'enlever sur ma propriété pour me jeter en prison dans le bourg de Samaná. J'y restai incarcéré pendant toute la durée du siège de Santo Domingo dont la chute aboutit à la capitulation de la France, après huit mois de résistance héroïque du général Barquier. Il en était irrémédiablement fait de toute domination française dans cette grande île de Saint-Domingue. Après ces longs mois de détention, je n'avais plus qu'une seule chose en tête, faire en sorte que ma famille quitte l'île saine et sauve. J'obtins un passeport du nouveau gouverneur espagnol Juan Sanchez Ramirez, celui-là même qui avait vaincu le général Ferrand. En juin 1809, nous embarquâmes pour l'île voisine de Curaçao sous domination britannique. Comme mes frères l'avaient fait avant moi, je quittai à présent Saint-Domingue contraint et forcé, dépossédé de tout bien, mais vivant quand tant de Français y avaient succombé.

- IV -

Îles de Curaçao et Saint-Thomas
(1809-1812)

***

Réfugié à Curaçao puis à Saint-Thomas

Je débarquai à Curaçao dénué de toute ressource et y vécus pendant quelques mois avec mille piastres pour seule fortune. Mais dès les premiers mois de 1810, cette somme tirait à sa fin. L'espoir de retourner sur mes propriétés de Samaná qui venaient d'être vendues par le gouvernement espagnol, s'éloignait un peu plus. En avril, Caracas déclara son indépendance vis-à-vis du royaume espagnol. Les rebelles vénézuéliens appelaient les étrangers à les rejoindre en leur promettant des terres à exploiter. J'étais effrayé de mon avenir et de celui de ma famille, aussi sans guère d'hésitation je rejoignis Caracas dans l'espoir de m'y établir comme planteur.

Le désordre le plus total y régnait et je n'y resterais au final qu'une quinzaine de jours, ne trouvant pas sur place les conditions nécessaires aux cultures que je souhaitai. Je pus me féliciter de ce départ précipité car mon pressentiment ne tarda pas à se réaliser. La contre-révolution des Espagnols avait gagné dans toute la province de Caracas.

De retour à Curaçao, je connus une période d'accalmie, au cours de laquelle je vis naître ma première fille Adèle, en juillet 1810. Le gouverneur de l'île, John Thomas Layard, était un homme des plus cordiaux qui me traita toujours avec beaucoup d'égard. Mais une fois encore le sort s'acharna et je me décidai l'année suivante à quitter définitivement Curaçao, après avoir été dénoncé au nouveau gouverneur Hudson comme étant un agent français, ce que je n'étais pas encore à cette époque. Hudson jugea à propos de m'obliger à une formalité à laquelle je refusai de me conformer. J'avais déjà été contraint, à mon arrivée sur l'île, de prêter serment d'allégeance au roi d'Angleterre... Mais cela ne semblait plus suffisant aux yeux du gouverneur qui me demandait à présent de nouvelles cautions. Plusieurs négociants, dont George Robertson et James Belt qui finançaient les rebelles vénézuéliens, témoignèrent de mon honorable conduite. Ces appuis ne pouvaient que rassurer le gouverneur mais ma décision de partir était irrévocable.

Je me rendis alors sur l'île voisine de Saint-Thomas, une possession non plus britannique mais danoise dans laquelle j'avais quelques intérêts. Déclaré port franc par Copenhague, Saint-Thomas était devenu un vaste entrepôt, approvisionné par toutes les nations commerçantes du monde. Cette île, infiniment plus petite que Saint-Domingue, alimentait par un actif cabotage, les marchés du continent américain et des Antilles voisines. La France, via les ports de Marseille, Bordeaux ou Nantes, y acheminait chaque année d'importantes quantités de marchandises. Son commerce pouvait nous offrir d'importants débouchés mais les maisons de négoce de Saint-Thomas achetaient nos marchandises à un prix bien au-dessous du cours du marché. Je m'étais lié d'amitié avec deux commerçants particulièrement hauts en couleur. Il y avait tout d'abord le planteur Louis Sainte-Claire Deville[29] qui, après avoir été emprisonné en France sous la Révolution, était retourné en Martinique, son île natale, grâce à l'appui de Madame Tallien. Il partit ensuite s'installer à New-York pour fonder avec Louis Rio, qu'il avait connu en prison, la maison de commerce *Rio, Deville et Cie*. Leur négoce avait depuis été transféré à Saint-Thomas et avec eux je pus réaliser plusieurs bonnes affaires. Je partageai également beaucoup de mon temps avec Vicente Benedetti[30],

---

[29] Louis Joseph Sainte-Claire Deville (1779–1825) possédait des plantations importantes à Saint-Thomas et Porto-Rico. Il est le père des scientifiques Henri et Charles Sainte-Claire Deville.

[30] En mars 1820, Bolívar avait envoyé le général Antonio José de Sucre pour acheter à la maison Benedetti de Saint-Thomas 3.565 fusils anglais munis de baïonnette à 10 gourdes l'unité (*Archivo de Sucre, Antonio José de Sucre* - Fundación Vicente Lecuna, 1973). D'après les notes de John G. A. Williamson, chargé d'Affaires américain au Venezuela, Vicente Benedetti était un ami du Général Paez et semble-t-il un escroc notoire et débiteur défaillant (*Caracas Diary, 1835-1840: The*

un négociant tout aussi sympathique qui apportait son soutien aux rebelles du Venezuela. Nos chemins allaient se croiser au cours des années suivantes car Benedetti devint l'ami des plus importants chefs révolutionnaires qu'il approvisionnait en armes.

Plus de deux ans avaient passé depuis que j'avais quitté Saint-Domingue et à nouveau il me fallait repartir de zéro, n'ayant plus de moyen pour rester à Saint-Thomas. À la fin de l'année 1812, je rejoignai Carthagène des Indes qui venait de déclarer son indépendance de l'Espagne. Le nouvel État libre de Carthagène, comme l'avait fait Caracas quelque temps avant, appelait les étrangers à le rejoindre. Pour s'y installer, ils offraient des terres aux cultivateurs et des emplois civils ou militaires à tous les hommes reconnus capables de les remplir.

Journal of John G. A. Williamson, First Diplomatic Representative to the United States to Venezuela - Camellia Publishing Company, 1954).

- V -

Carthagène des Indes, Nouvelle-Grenade (1813-1815)

***

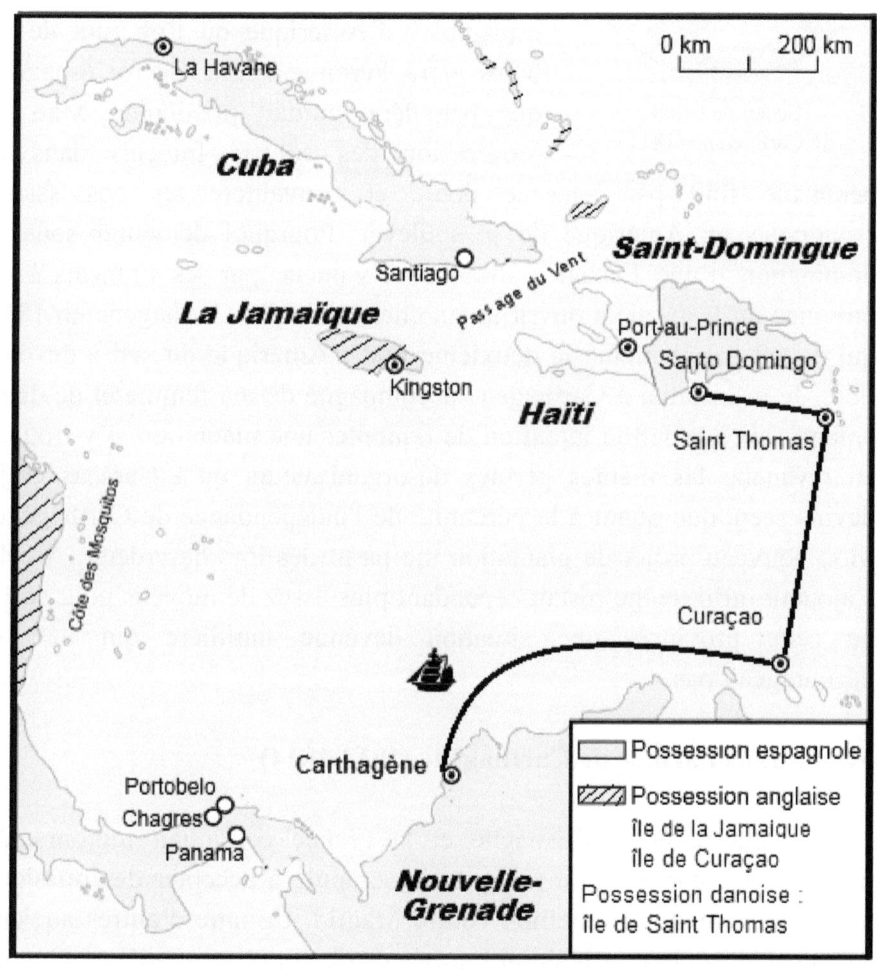

Sceau de l'Etat
de Carthagène (1811)

Au printemps 1808, les armées de Napoléon avaient placé Joseph Bonaparte sur le trône d'Espagne. Toutefois, les Espagnols refusèrent de le reconnaître comme roi et engagèrent une lutte féroce. Cet élan contre la France finit par gagner les colonies espagnoles d'Amérique où l'on jura de se battre pour Ferdinand VII, le roi espagnol que Napoléon gardait prisonnier. Mais la progression des soldats français dans la péninsule finit par jeter le doute et convaincre les possessions espagnoles en Amérique de se soulever. Pourquoi demeurer sous la domination d'une Espagne affaiblie et vaincue par les Français ? La province du Venezuela ouvrit la marche, suivie par Carthagène en 1811 qui devint par là même le deuxième État d'Amérique du sud à devenir libre. Je m'installai à Carthagène accompagné de ma femme et de deux enfants, avec la ferme intention de remonter une plantation. J'y trouvai en revanche les mêmes germes désorganisateurs qu'à Caracas et je devins sceptique quant à la pérennité de l'indépendance de Carthagène. Mon nouveau projet de plantation me parut dès lors hasardeux. A cela s'ajoutait qu'il ne me restait cependant plus assez de moyens pour sortir de cette province, une situation devenue familière qui ne me décourageait pas.

Major dans l'armée de Carthagène (1813-1814)

La guerre entre l'Espagne et la France continuait toujours. Je n'avais donc comme Français pas de scrupule à accepter des missions pour Carthagène, en rébellion contre Madrid. Comme d'autres anciens soldats de Napoléon, j'intégrai l'armée de Carthagène en août 1813 avec le grade de capitaine en premier. Je serais fait major de brigade l'année suivante par le Camilo Torres qui présidait le congrès de Nouvelle-Grenade. Les Indépendants n'avaient eu d'autre choix que de faire appel à un grand nombre d'officiers français qui avaient servi l'armée napoléonienne. Que ce fut à Caracas ou à Carthagène, la plupart des chefs patriotes avaient des titres militaires qui reflétaient davantage une autorité ou un privilège, que de réelles connaissances dans le maniement des armes ou la conduite d'une armée. La raison en était simple. Le royaume espagnol ne voulait pas que les aristocrates de ses colonies puissent acquérir une quelconque expertise militaire et donc représenter un risque. L'Espagne s'était arrangée pour qu'aucune arme ou munition ne fût manufacturée dans ses possessions américaines.

Je trouvai ainsi à mes côtés pour la défense de Carthagène, trois vétérans de la Grande Armée qui il y a peu encore, étaient attachés au général Francisco de Miranda. Les deux premiers Joseph Du Cayla et Raphaël Chatillon avaient commandé son infanterie. Le troisième Emmanuel de Serviez[31] plus connu sous le nom hispanisé de Manuel Roergas Serviez, fut son aide de camp. Soldats et français d'origine, nous nous définissions comme des combattants au service de la Liberté, à l'exemple pas si lointain des hommes de Rochambeau et Lafayette en Amérique du Nord. C'est d'ailleurs dans ces termes quelques mois plus tôt, que Du Cayla avait porté un toast à la guerre d'indépendance lors d'un déjeuner offert par le général Miranda à ses officiers : "*Nous donnerons notre sang pour la liberté de la Colombie et ferons pour Miranda, ce que firent La Fayette et Rochambeau pour Georges Washington*"[32]. Nous étions fiers de notre engagement auprès de ces Américains qui reconnaissaient notre valeur dans le combat et l'attachement si français à la recherche de la Liberté.

---

31 En 1811, Manuel de Serviez se rendit au Venezuela où il devint colonel de cavalerie et aide de camp de Francisco de Miranda. En 1812, après la chute de la Première République du Venezuela, il émigra en Nouvelle-Grenade à Carthagène des Indes en 1813. Instructeur à Popayán, il participa à la campagne de Nariño dans le sud. Fin 1814, il participa au siège de Bogotá sous le commandement de Bolívar. Il est promu général en 1816.

32 "*De Bolívar à Roosevelt*" par Armand Limnander de Nieuwenhove, Éd. Sorlot, 1939 – p.32

Avec Simón Bolívar

L'armée espagnole, dirigée par le général Monteverde[33], avait fait tomber la première république du Venezuela en juillet 1812 et conduit à l'emprisonnement du général Miranda. Simón Bolívar, lieutenant-colonel à cette époque, ne connut pas le même sort puisqu'il réussit à rejoindre Carthagène. Le président de Carthagène, Manuel Rodriguez Torices[34] lui réserva un accueil des plus chaleureux, non seulement parce qu'il avait urgemment besoin d'officiers expérimentés, mais aussi pour tempérer les ambitions du Français Pierre Labatut qui commandait son armée. C'est durant ces premiers mois passés à Carthagène que Bolívar écrivit ses essais sur l'échec de la révolution de Venezuela pour exhorter les Patriotes de la Nouvelle-Grenade à s'unir. Ces écrits empreints d'une réelle éloquence avaient produit beaucoup d'effet sur le gouvernement de Carthagène qui le nomma inspecteur des milices. Cet emploi ne convenait toutefois pas à Bolívar, bien trop pressé d'exercer ses talents militaires à la guerre.

Il obtint alors de faire partie de l'armée avec le grade de colonel sous l'autorité de Labatut[35]. Mais Labatut ne sympathisait pas avec le caractère élevé de Bolívar. Il le nomma en décembre 1812 commandant de Barrancas, un bourg insignifiant situé sur la rive gauche de la Magdalena, le grand fleuve de Colombie tandis que lui marchait contre l'ennemi. Irrité par cette inaction et espérant participer à la victoire, Bolívar s'efforça d'y réunir le plus d'hommes possible afin de prendre la

33 Domingo de Monteverde, général espagnol et capitaine général de Venezuela (1812-1813)

34 Manuel Rodriguez Torices (1788-1816) est le 12ème président de Colombie. Considéré par les Colombiens comme l'un des héros les plus distingués de la côte atlantique, il a été l'un des promoteurs de la révolution politique qui conduisit à la déclaration d'indépendance de Carthagène le 11 Novembre 1811. La Convention réunie à Carthagène en janvier 1812, le nomma président de l'Etat libre et lui confia les pleins pouvoirs pour faire face à une situation politique et militaire des plus difficiles face aux royalistes espagnols et en particulier, à la province de Santa Marta. Il est fusillé en 1816 à l'âge de 28 ans sur les ordres du général royaliste Morillo.

35 Pierre Labatut (1776-1849) était un ancien officier de Napoléon destitué pour indiscipline pendant la guerre d'Espagne et emprisonné à Cadix dont il s'évada en 1811 pour rejoindre l'Amérique. Après ses aventures vénézuéliennes et colombiennes, il servit dans l'armée brésilienne de 1821 à 1842 comme gouverneur militaire de Bahia et général de brigade.

ville de Tenerife, un poste important situé de l'autre côté du fleuve. Victorieux et encouragé par ce succès, il continua sa marche et chassa l'ennemi de tous les villages sur la rive droite de la Magdalena. Il fut reçu avec enthousiasme à Monpox et proclamé chef militaire du district. Au moyen de sa petite division à présent renforcée, il mit en déroute l'ennemi jusqu'à la ville d'Ocaña. Ses succès lui valurent la gratitude du président Torices mais excitèrent la jalousie de Labatut, qui l'accusa d'insubordination et demanda qu'il fût jugé par un conseil de guerre. Heureusement, l'importance des services que Bolívar venait de rendre à Carthagène le protégea contre la vengeance de Labatut et un commandement plus étendu lui fut accordé.

C'est aussi sous les ordres de Labatut que je fis davantage connaissance avec Simón Bolívar. L'homme ne laissait personne indifférent et cette rencontre fut certainement l'une des plus marquantes de ma vie. Nous avions presque le même âge, lui trente ans et moi trente-trois ans. Comme Bolívar, je dus m'opposer à Labatut en diverses occasions, ne partageant ni les méthodes, ni la soif de richesses qui devait mener à sa perte peu de temps après. En effet, Labatut qui volait de victoire en victoire, avait finalement réussi à s'emparer de la ville de Santa Marta, principal bastion des royalistes espagnols. Il en devint gouverneur mais trop avide d'argent, il en organisa le pillage dans des proportions telles que le peuple exaspéré finit par se soulever. Labatut prit la fuite sans même faire appel aux cinq cents hommes de sa garnison. Pendant tout le temps que je restai sous les ordres de Labatut, je m'en méfiai comme de la peste. Il arriva même à plusieurs reprises que je lui résiste, ce qui n'était pas sans danger.

Garantir les livraisons en armes de Carthagène (juillet 1813)

Les périls pour Carthagène s'étaient accrus pendant l'été 1813. La jeune République manquait d'armes et l'on craignait que les royalistes ne prennent le contrôle de la navigation sur la Magdalena. Assurer la sécurité des marchandises et surtout celle des armes transportées par voies fluviales devenait plus que jamais une priorité. Manuel de Serviez qui appréciait mon zèle « infatigable », me recommanda auprès du président Torices pour une première mission qui requérait une discrétion absolue. Je devais remplacer au pied levé Truburu, l'émissaire de Carthagène qui venait tout juste d'être rappelé, faute d'avoir assuré les dernières livraisons d'armes.

Ma mission consistait à obtenir qu'un négociant nommé Deschapes, consente à nous prêter son brigantin[36] pendant un an. Ce bâtiment sous pavillon anglais, devait charger des armes à Carthagène ou en Jamaïque et se rendre dans un des ports du fleuve Atrato. Cinquante hommes d'équipage armés seraient à son bord de façon permanente. Cette présence militaire sur l'Atrato garantissait la sécurité de la région d'Antioquia. Face à l'urgence de la situation, j'avais carte blanche quant aux contreparties à proposer à Deschapes. Les débouchés pour son négoce pouvaient être immenses dans cette province, qui était la plus riche en métaux de la région. J'avais aussi mandat pour lui assurer l'extraction exclusive des sucres bruts[37] dont le gouvernement rendrait les conditions de marché aussi désirables que possible. Enfin, s'il le voulait, la citoyenneté de Carthagène lui était acquise. Manuel de Serviez qui n'était pas encore général, me laissait une grande liberté d'action, mais il ne concevait pas l'échec de la mission. Si les négociations avec Deschapes n'aboutissaient pas, je devais me rapprocher d'autres négociants britanniques en vue tels que Santiago Baxter, John Ekart[38] ou le canadien John Gleen, et obtenir d'eux le prêt d'un bâtiment. S'il m'était définitivement impossible d'y parvenir dans un délai très court, il fallait qu'un des corsaires sous pavillon de Carthagène, prenne la station sur l'Atrato afin d'en assurer la sécurité.

---

[36] Un brigantin est un petit navire à deux mâts servant à donner la chasse et régulièrement employé lors de mission d'exploration pour la reconnaissance des côtes ou sur un fleuve.

[37] Jus de la canne à sucre non raffiné et évaporé (cristaux bruns et secs)

[38] John Ekart était en 1800, sergent de brigade enseigne de navire dans l'infanterie de marine de Carthagène.

C'est à l'occasion de cette mission que je fis réellement la rencontre de Torices. Il me demanda de lui rendre compte de la véritable situation de Carthagène, c'est-à-dire de l'état d'esprit qui y régnait et de mon avis sur ses ressources intérieures et sa défense. Toutes les dépêches que je destinais à Torices et Serviez étaient au préalable traitées par un autre Français, le major Antoine Leleux qui avait été le secrétaire de Miranda. Quelques mois plus tard, Leleux devait entrer à mes côtés dans le gouvernement de Carthagène en qualité de ministre de la Guerre. L'approvisionnement en armes, si stratégique pour cette petite république indépendante, demeura une de mes principales et secrètes prérogatives. Pour cela, je pus toujours compter sur un réseau de négociants français, fidèles et acquis à la cause des Indépendants.

Reprendre Santa Marta

Santa Marta, un des principaux ports de la côte Ferme, était depuis retombé entre les mains des Espagnols. Pour Carthagène, il devenait urgent de reprendre ce port avant que de nouveaux renforts militaires ne soient envoyés depuis Cuba. Labatut qui malgré les événements récents avait conservé son commandement, n'en avait que trop conscience. Aussi mit-il sur pied en mai 1813 une nouvelle expédition contre Santa Marta, mobilisant un brick et deux goélettes corsaires. Torices avait de son côté embarqué à bord du brigantin l'*Indépendent*, pour suivre de près les opérations. Cette expédition à laquelle j'ai participé se solda malheureusement par un échec.

Six mois passèrent avant que je propose à mon tour un nouveau plan d'attaque cette fois contre Riohacha et la Cienaga, deux villes proches de Santa Marta. Tout d'abord accueilli favorablement, mon projet d'expédition fut jugé trop risqué par Torices qui doutait que mes hommes, après avoir repris Riohacha, soient encore à même d'attaquer la Cienaga. Il préférait laisser le soin d'attaquer la Cienaga au général Miguel Carabaño[39] qui venait de remplacer Labatut à la tête de l'armée.

L'attaque dirigée par Carabaño, conjointe à la mienne, présentait l'avantage d'ouvrir deux fronts qui allait désorganiser fortement l'ennemi. Mais reprendre Santa Marta n'était pas encore à notre portée. Je renonçai la mort dans l'âme à cette expédition mais pour en concevoir une autre plus ambitieuse contre la place de Portobelo, située sur la côte Caraïbe de l'isthme de Panama.

[39] Avant de se rendre à Carthagène, le vénézuélien Miguel Carabaño avait combattu aux côtés de Miranda. Il remplaça Labatut à la tête de l'armée de Carthagène en août 1813.

- VI -

Expédition contre Portobelo, isthme de Panama (janvier 1814)

***

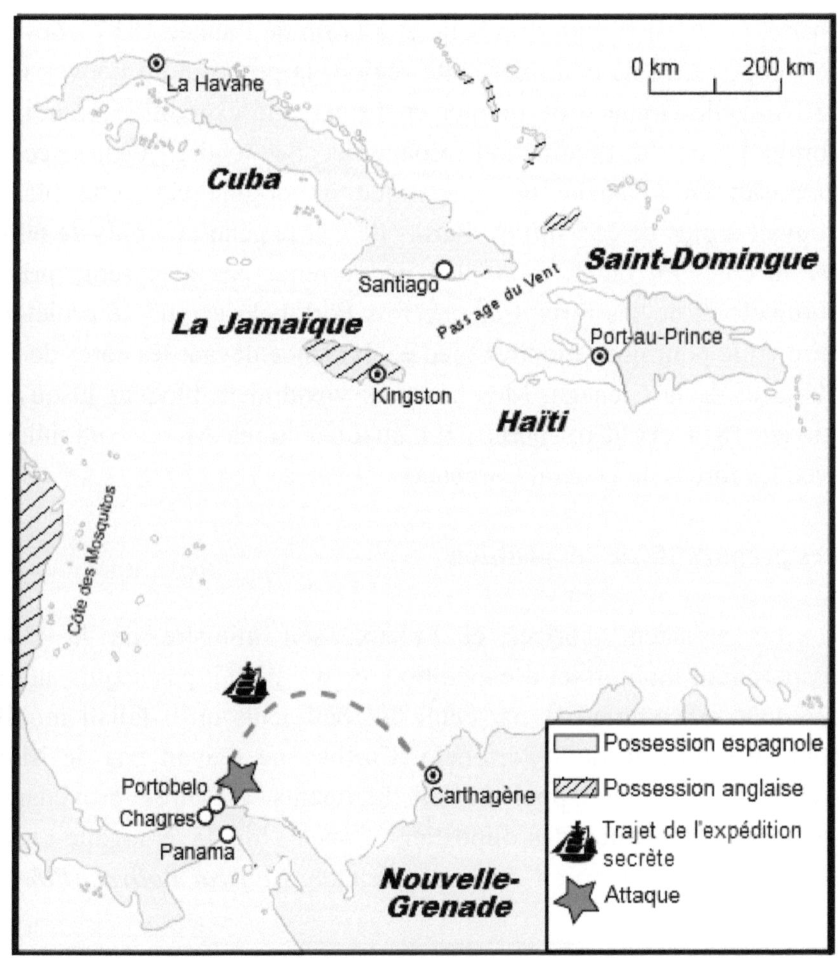

Commandant en chef de l'Expédition secrète contre Portobelo

Lorsque les nouveaux États rebelles à l'Espagne s'étaient regroupés en 1811 sous le nom des Provinces Unies de Nouvelle-Grenade, les provinces de Panama et Veragua décidèrent de rester loyales à l'Espagne. Situées dans la zone nord de l'isthme de Panama, elles représentaient une menace directe pour Carthagène. Le bruit courait que le peuple de Portobelo, ville de la province de Panama, aspirait à la liberté. L'occasion était trop belle et à la fin de l'année 1813, convaincu de l'importance de contrôler cette région, je proposai au gouvernement de Nouvelle-Grenade de monter et diriger une expédition pour libérer Portobelo de la domination espagnole. Se rendre jusqu'à ce port supposait en revanche une logistique importante car cette place se trouvait à plus de 255 milles marins de Carthagène et à plus de 600 km par la côte. En outre, mon plan ne s'arrêtait pas à la seule prise de Portobelo et de ses forts. Car une fois Portobelo acquis, je projetais de faire voile pour nous montrer bien en évidence devant les côtes de Santa Marta et de la Cienaga. Mes hommes viendraient bloquer jusqu'au 25 janvier 1814 ces deux ports pour attaquer Santa Marta conjointement avec les forces du général Carabaño.

Les préparatifs de l'expédition

Le président Torices et Leleux, son ministre de la Guerre, supportèrent mon projet d'expédition, ce qui n'était pas acquis au vu de son coût. A commencer par celui des bâtiments qu'il fallait mobiliser pour se rendre jusqu'à Portobelo. Carthagène n'avait pas de Marine. Aussi, nous fîmes appel à huit bâtiments corsaires provenant de Barataria, le repaire des flibustiers français de la Nouvelle-Orléans. Cette flotte se composait des sept goélettes *General Bolívar, Piñeres*[40],

---

[40] La goélette *Piñeres*, du nom des frères Piñeres : l'un était vice-président de Carthagène et l'autre, un ardent défenseur des intérêts des corsaires.

Ribon, Carmen[41], *Popa, Atrevido Patriota, Momposina* et du brigantin l'*Hercules*.

Je commandais l'expédition avec le traitement de capitaine de frégate et m'appuyais sur deux officiers expérimentés dans l'art de la guerre. Pour la troupe, j'avais à mes côtés le capitaine Félix Layet qui à la tête des troupes de Carthagène avait conquis Chiriguaná en 1812. Comme major de l'expédition, il était désigné pour me remplacer si je ne pouvais plus assurer le commandement. Pour diriger la Division navale, j'avais choisi Renato Beluche, un corsaire associé aux frères Lafitte[42] qui était connu pour sa bravoure et son âme de chef. Beluche avait obtenu de Carthagène le grade de lieutenant de vaisseau et deviendra plus tard l' « amiral préféré » de Bolívar. Depuis la goélette *General Bolívar*[43], il dirigerait des capitaines corsaires tous chevronnés, Charles Lominé[44] qui se battra aux côtés de Bolívar, Pedro Dupin, Jean-Baptiste Pemerlé, Juan Lachicotte, Matías Padrón[45], Fortunato Lepta et Domingo De Mesa. Ces capitaines auraient à assurer la bonne et prompte exécution des ordres par quelque quatre cent quarante hommes d'équipages, et parmi eux beaucoup de pirates puisqu'un équipage entier appartenait aux frères Lafitte.

---

41 *El Carmen* alias « 14 de Junio ».

42 Après la vente de la Louisiane aux États-Unis en 1803, Jean et Pierre Lafitte s'installèrent dans les marais de Barataria au Sud-Est de la Nouvelle Orléans où ils vont créer un royaume profitant pendant 10 ans du vide juridique et institutionnel avant que la Louisiane ne devienne réellement un État américain. Ne reconnaissant l'autorité d'aucun autre pays que leur nouveau royaume, ils développèrent une économie parallèle faite d'attaques et de vols des navires espagnols et anglais, de la traite des esclaves, ...

43 Anciennement *Atalanta* puis *La Caridad*, cette goélette est rebaptisée *Général Bolívar* par Renato Beluche.

44 Charles Lominé participa aux côtés de Bolívar à la bataille victorieuse de Los Frailes opposant le 2 mai 1816, l'escadre républicaine (qui se préparait à débarquer des troupes au Venezuela) à deux bâtiments espagnols patrouillant à hauteur de l'archipel de Los Frailes. Lominé commandait la goélette *Feliz* et Beluche la goélette *General Bolívar*.

45 En décembre 1815, Matías Padrón à bord de la goélette *General Bermúdez*, fut un des capitaines corsaires chargés de transporter les Patriotes fuyant Carthagène assiégée.

Ce fut un hasard mais je disposais des mêmes forces que celles réunies par le flibustier gallois, Henry Morgan, pour s'emparer de Portobelo en 1668 ! Parti avec cinq cents hommes à bord de neuf navires, Morgan s'était rendu maître de Portobelo mais dût abandonner cette place après avoir perdu la moitié de ses hommes lors des combats et des suites de maladie[46].

Pendant que la Division navale stationnait dans la rade de Carthagène, Beluche et moi réglions les préparatifs pour l'armement et le chargement en vivres des derniers bâtiments arrivés. Mais à la fin du mois de décembre, nous n'étions pas encore prêts. Il fallait encore aller chercher une bonne part de notre armement, un canon[47] de 16 sur l'île de Bocachica, à un autre endroit un canon de 6 et ses cent cinquante boulets ou encore soixante boîtes de mitrailles et deux cents pierres à fusil... Rien que pour le corsaire *Carmen*, il restait à charger cent boulets de 6, cent boulets de 4, trois mille cartouches et deux cents livres de poudre à canon. Je profitai de ce retard pour compléter le nombre de mes officiers. Un officier de santé, le docteur Federico Meyer, et un sous-officier remplissant le rôle d'écrivain allaient nous rejoindre.

Renato Beluche

Après avoir vaincu les derniers obstacles qui s'étaient dressés sur notre route, j'informai, le 2 janvier 1814, le commandant de l'armée de la haute et basse Magdalena, que nous étions prêts à quitter le port sous quarante-huit heures. Nous fîmes charger les vivres à Sabanilla où le lieutenant-colonel Louis de Rieux attendait pour me communiquer les dernières instructions du gouvernement. La météo était mauvaise depuis plusieurs jours. Des vents violents provenant de l'Est s'étaient levés et faisaient craindre de nouvelles difficultés. A 7 heures du matin le 9

---

[46] Morgan négocia avec les Espagnols d'abandonner la place contre 10.000 écus.

[47] Un canon de 16 était conçu pour le tir de boulets pesant 16 livres soit 8 kilos. Il existait des canons tirant des boulets de 4, 8, 12, 16 et 24 livres.

janvier 1814, en accord avec Beluche, je réunis tous les capitaines à bord du *General Bolívar*. L'un après l'autre, ils exposèrent si leur bâtiment respectif était en condition d'atteindre l'objectif de Portobelo. Les trois corsaires *Hercules*, *Carmen*, *Ribon*, et la goélette de l'Etat *Momposina*, présentaient de graves avaries qui, compte tenu de la météo, ne permettaient pas une navigation jusqu'à Portobelo. L'expédition était toutefois maintenue bien qu'il fallut nous passer de ces quatre bâtiments. Au final, je ne disposai plus que de trois-cent cinquante hommes pour attaquer un poste défendu par une batterie de quatre-vingts canons ! Les quatre capitaines abandonnant l'expédition jurèrent qu'ils restaient animés par le désir de combattre pour Carthagène, là où ils seraient utiles que ce soit à Portobelo, Nicaragua ou ailleurs.

A bord de la goélette *General Bolívar*

Nous mîmes à la voile le 13 janvier 1814. Les vents rendaient la navigation pénible et nous eûmes beaucoup de difficultés à nous conserver en ordre de division. L'anse de Buenaventura, située sous le vent de Portobelo, se présenta à nous vers 3h30 de l'après-midi. À 4 heures tous les bâtiments se trouvaient réunis. Dans une brève harangue aux troupes, je rappelai que la discipline et la stricte obéissance à son supérieur étaient des devoirs imprescriptibles. Je dus montrer d'autant plus de fermeté que je m'adressai pour partie à des mercenaires ou à des pirates dont on ne dispose pas comme des troupes régulières. Je terminai par la devise du guerrier que j'avais entendu pour la première fois en Egypte.

« *Terrible dans le combat et généreux dans la victoire !* »

Sur le coup de 5 heures du soir, nous vîmes s'engager dans la baie plusieurs petites pirogues. Nous forçâmes aussitôt leurs occupants à venir à notre bord. J'interrogeais successivement chacun d'entre eux et leurs versions, quoiqu'assez contradictoires, ne laissèrent aucun doute sur le fait que Portobelo avait été mis état de se défendre et ne se trouvait nullement dans l'état d'abandon que l'on m'avait peint à Carthagène. L'un d'entre eux m'assura que quatre cent cinquante soldats étaient tout nouvellement arrivés de Panama pour appuyer la garnison du gouverneur Valcarcel[48]. Nos espoirs de bénéficier de l'effet de surprise s'évanouissaient. Cela faisait maintenant six heures que l'ennemi nous avait aperçus grâce à une vigie placée sur un morne très élevé, qui permettait d'observer à plus de dix lieues au large. Il me semblait impossible que les troupes fussent en totalité à terre avant 6h du soir. Dans ces conditions, s'engager de nuit à travers des chemins inconnus était bien trop risqué, aussi je crus bon de différer le débarquement au jour suivant.

Le lendemain matin, trois des hommes venus en pirogues nous servirent de guides et je puis dire que leurs propos se révélèrent exacts. J'avais fait distribuer à la population de Portobelo une proclamation l'invitant à se soulever contre la tyrannie espagnole et à nous rejoindre, nous l'armée patriote de Carthagène. Cette proclamation pleine d'éloquence dans laquelle j'avais volontairement surestimé l'état de nos forces à mille hommes et quinze navires de guerre, ne trouva guère d'écho. Tout ce que je pus tirer de nos guides ne me laissait aucune espérance de voir les créoles de Portobelo se rallier à notre cause. Malgré tout, il était de mon honneur et de mon devoir de ne pas renoncer sans m'être assuré par mes propres yeux que tout espoir de vaincre m'était ravi.

Toutes les informations que j'avais recueillies, me conduisaient à la prudence. Le débarquement s'effectua donc à la pointe du jour. Pendant qu'on en faisait les préparatifs, la goélette américaine du capitaine De Mesa feignait un autre débarquement du côté opposé. Le capitaine Lepta du *Momposina,* aussitôt après avoir débarqué ses troupes, s'approcha à son tour de la côte pour tirer quelques boulets. Il envoya son canot à

---

[48] Joaquin Rodriguez Valcarcel

diverses reprises sur la pointe pour détourner l'attention de l'ennemi et simuler aussi un débarquement.

Etat des forces terrestres

Avant-garde
- Capitaine Chassériau, commandant en chef avec 150 hommes (50 soldats et 100 matelots)
- Capitaine Layet, major de l'expédition avec 107 hommes (25 soldats, 75 matelots, 1 sergent, 6 artilleurs)
- Un chirurgien

Arrière-garde
- Capitaine de Lamereux avec 100 hommes (25 soldats et 75 matelots)
- Lieutenant Escarpeta avec 5 artilleurs
- Un chirurgien
- Capitaine Lominé avec 10 hommes pour la garde de l'embarcadère

Ce n'est que vers 8 heures du matin que je partis à la tête de trois cent cinquante hommes armés de fusils, à travers les chemins broussailleux menant à Portobelo. Le transport de nos deux canons ne se réalisa qu'avec beaucoup de peine par la rivière, sous l'escorte du capitaine de Lamereux. Après deux heures de marche des plus pénibles dans un sentier où l'on s'enfonçait jusqu'aux genoux, nous arrivâmes à la Sabana pour prendre position des hauteurs. Nous devions y attendre notre artillerie qui à 11 heures n'était pas encore arrivée. De ce point, j'aperçus, au loin dans le morne qu'il nous fallait gravir, quelques hommes qui manifestement nous observaient. Notre guide m'assura que nous allions affronter une vive résistance au fort de la Trinchera qui dominait la hauteur. Il n'y avait pas un instant à perdre pour enlever cette forteresse avant que l'ennemi n'augmente sa défense. Sans prendre haleine, je résolus de m'y porter avec tout le reste des forces. Je laissai seulement vingt-cinq hommes sur les hauteurs de la Sabana, autant pour y attendre les canons que pour protéger notre éventuelle retraite. Avec beaucoup de vivacité et malgré la chaleur excessive, nous gravîmes le chemin presque à pic, qui se rétrécissait fortement dans son sommet. Nous arrivâmes à 12h30 haletants de fatigue, mourants de soif et pressés par la faim. L'ennemi nous attendait et une vigoureuse fusillade s'engagea. Aux cris d'« en avant ! », nous débusquâmes ces combattants et devînmes maîtres de toute la hauteur. J'arborai avec une certaine fierté le pavillon de Carthagène afin qu'il soit bien visible par la population de Portobelo. J'eus cependant à regretter la perte d'un brave marin et un homme grièvement blessé.

Il fallait maintenant établir ma ligne sur toute cette côte de morne. Après avoir sécurisé les abords immédiats, les officiers et moi nous réunîmes pour évaluer les moyens de défense de l'ennemi. Les obstacles avant d'atteindre Portobelo se révélaient nombreux. Sur l'unique chemin nous menant à la ville, l'ennemi se tenait en embuscade avec au moins cinquante hommes. Un peu plus bas, se trouvait un poste armé composé d'une centaine d'hommes. Et enfin à l'entrée de la ville que nous ne pouvions contourner et à peu de distance du fort, nous devions faire face à deux canons de gros calibre. Le lieutenant Scarpetta[49] que j'avais placé avec vingt-cinq hommes sur la partie du morne la plus élevée, me fit observer que sur notre droite, des hommes en nombre traînaient avec peine une pièce d'artillerie qu'ils ne tarderaient à diriger contre nous. A cela s'ajoutait que l'aspect du fort San Geronimo était loin de porter l'empreinte de l'abandon et du délabrement. Au contraire, il paraissait parfaitement bien tenu.

En réalité, tout dans la ville annonçait le calme et l'assurance que donne une défense bien préparée. Bizarrement partout où j'avais observé l'ennemi, je n'avais aperçu aucun homme en uniforme. Ce qui laissait supposer que les trois cents ou cinq cents soldats du bataillon venant de

---

[49] Jerónimo Scarpetta (1778-1825) fit partie des hommes qui ont vaincu les Royalistes à Alto Palacé et Río Palo. Pendant la reconquête, il émigra au Venezuela et rejoignit l'armée de Bolívar.

Panama, se trouvaient encore enfermés dans les forts. Plusieurs pavillons de Carthagène avaient flotté sur la tête des portebeliens sans jamais les avoir décidés à agir en notre faveur, c'est-à-dire en la leur… Il nous fallait donc entrer dans la ville en ennemis. Pour cela, je ne disposais que de deux cents hommes, ne pouvant aucunement réduire le détachement resté sur la hauteur qui devenait mon seul refuge et restait encore faiblement gardée.

Fort San Geronimo à Portobelo (Panama)

Des forces ennemies trop importantes

Il me fallait bien évaluer nos chances de succès, une fois rendus devant le fort San Geronimo et ses canons. S'il était seulement défendu par cinquante hommes, cela était suffisant pour nous arrêter plusieurs jours pendant lesquels l'ennemi recevrait des renforts. De plus j'avais l'assurance que si une frégate anglaise apparaissait, nos bâtiments corsaires appareilleraient et nous abandonneraient à nous-mêmes. Toutes ces considérations m'incitaient à décider de battre en retraire, faculté qui m'était donnée dans l'intérêt de Carthagène. Je m'y résolus après avoir recueilli l'opinion du major Layet, des capitaines Lamereux et Dufour et du lieutenant Scarpetta. Ces quatre officiers jugèrent comme moi qu'il n'y avait pas un instant à perdre pour opérer une retraite. Tous nos soins portèrent sur les moyens de l'effectuer en bon ordre, sans perte et de manière encore à pouvoir repousser l'ennemi. Je fis descendre en premier l'artillerie sous l'escorte de cinquante hommes jusqu'à l'embarcadère gardé par le capitaine Lominé. Le reste de l'expédition arrivé dans la plaine, nous formâmes une ligne serrée en attendant de pouvoir embarquer. Les petits bâtiments de la Division s'approchèrent le plus près possible de la terre afin d'abréger notre trajet jusqu'aux navires. Le temps était compté et la répartition dans nos bâtiments respectifs pourrait se faire plus tard. Je restai sur la plage avec quelques hommes pour s'assurer que rien n'y était laissé. Tout se réalisa avec assez de précision et nous pûmes mettre à la voile le 17 janvier au matin.

Partis depuis quatre jours en direction de Carthagène, la météo nous était comme à l'aller défavorable et nous avions toute la peine du monde à naviguer. Comme à notre départ, je réunis à bord de la goélette *Général Bolívar* les capitaines afin de connaître la situation de leur bâtiment respectif. Deux bâtiments avaient éprouvé des avaries suffisamment importantes pour donner des craintes sur leur sort. Ils furent rapidement obligés de trouver un mouillage sur la côte pour y effectuer les réparations.

Lors de cette expédition, je peux témoigner que tous les officiers avaient manifesté en faveur de Carthagène un sacrifice et un oubli de leurs intérêts propres qui méritaient la gratitude de la République. Beluche, qui restait comme nous tous sur sa faim, me rappela que sans distinction ses hommes brûlaient encore du désir de se mesurer à l'ennemi. Malgré notre retraite, cette expédition avait produit des services dont les fruits pourraient être recueillis plus tard car le bon traitement que l'on avait réservé à nos prisonniers et notre attachement à préserver les quelques habitations rencontrées sur notre chemin pouvaient rassurer les créoles de Portobelo sur le fait que nous étions venus comme amis et libérateurs. Sans connaître réellement la nature de leurs préventions, je n'avais pas eu la témérité d'entreprendre avec seulement trois cent cinquante hommes la libération de Portobelo. Mais, l'Etat de Carthagène restait prêt à s'engager de nouveau si les habitants de Portobelo se manifestaient pour l'indépendance.

Sur un plan plus personnel, je réalisais qu'avec la meilleure volonté du monde, je ne pouvais plus servir dans l'armée tel que je le souhaitais. Monter à cheval, depuis ma blessure d'Egypte, m'était devenu très pénible et les six heures de marche sur les chemins difficiles de Portobelo avaient achevé de me convaincre. Je pris la décision de quitter l'armée de Carthagène mais ma démission fut refusée par Torices.

Etat des forces de l'*Expédition secrète*

Capitaine Benoît Chassériau (avec rang de capitaine de frégate)
Commandant en chef de l'Expédition secrète et de l'armée de l'Occident

Capitaine Félix Layet
Major de l'expédition (remplace le commandant en chef en cas de vacance)

Lieutenant de vaisseau Renato Beluche
Commandant les forces navales de l'expédition

Dr Federico Meyer
Médecin chef du service de santé

--- Division navale (7 corsaires et 1 goélette de l'Etat) ---

Goélette *General Bolívar*	Capitaine Renato Beluche - équipage : 71 hommes - troupe : 15 soldats et 1 sergent - fusils : 31
Goélette *Piñeres*	Capitaine Charles Lominé - équipage : 57 hommes - troupe : 11 soldats - fusils : 25
Brigantin *Hercules* (*)	Capitaine Pedro Dupin - équipage : 60 hommes - troupe : 53 soldats dont 22 artilleurs, 1 officier, et le lieutenant Escarpeta - fusils : 24

(*) abandonne l'expédition à Carthagène

Goélette *La Popa*	Capitaine Matías Padrón - équipage : 80 hommes - troupe : 15 soldats et 1 sergent - fusils : 45
Goélette *Atrevido Patriota*	Capitaine Fortunato Lepta - équipage : 22 hommes - troupe : 11 soldats - fusils : 12
Goélette de l'Etat *Momposina*	Capitaine Fortunato Lepta - équipage : 79 hommes - troupe : 11 soldats - fusils : 30
Goélette *El Ribon* (*)	Capitaine Jean-Baptiste Pemerlé - équipage : 36 hommes - troupe : 11 soldats - fusils : 20
Goélette *El Carmen* (*)	Capitaine Juan Lachicotte - équipage : 39 hommes - troupe : 15 soldats et 1 sergent - fusils : 16

--- Troupes terrestres ---

Capitaine Carlos de Lamereux (infanterie)
Capitaine Hippolyte Dufour Davas (cavalerie)
Capitaine Latour
Lieutenant Jeronimo Scarpetta, bataillon de Nouvelle-Grenade (100 hommes)
Sous-lieutenant Leonardo Marchados (artillerie)
Sous-lieutenant Ambrosio Bustos (détachement de Nouvelle-Grenade)
Sous-lieutenant Juan Machuco (détachement de Nouvelle-Grenade)
Sous-lieutenant Roberto Capoul (bataillon de Carthagène)

- VII -

Ministre de la Police de Carthagène (1813-1814)

***

Le président de Carthagène, Manuel Rodriguez Torices, n'avait que vingt-cinq ans et devait asseoir son autorité sur un Etat en guerre dans lequel intrigants et ambitieux étaient nombreux. Torices voyait en moi un homme intègre et expérimenté. Aussi, me chargea-t-il de travailler sur le budget de Carthagène. Ce budget devait avant toute chose répondre au besoin urgent d'abandonner la monnaie papier et encadrer les rentrées de l'Etat, notamment celles des douanes et celles portant sur le tabac, l'alcool et les patentes. Outre garantir la bonne collecte de ces taxes, il fallait mettre en place la logistique nécessaire à la création de notre nouvelle monnaie, c'est-à-dire faire venir de la Jamaïque un graveur et les presses destinées à la frappe. Ce travail de plusieurs mois aux côtés du secrétaire d'Etat à la Guerre, Arrazola y Ugarte[50], me valut une rétribution que je dus refuser car bien trop importante au vu des finances de Carthagène.

La réflexion sur les finances achevée, Torices me confia une nouvelle mission, celle d'établir et diriger la Police de Carthagène. En octobre, j'étais nommé Commissaire général en charge de la Police[51], un titre qui me convenait davantage à celui de ministre qui m'était proposé. Je mis toutefois quelques conditions à cette nomination. La plus importante était de n'avoir à rendre des comptes qu'au président Torices et à lui seul. Je souhaitais que toutes les décisions de mon ministère se

---

[50] Josef de Arrazola y Ugarte, secrétaire d'Etat à la Guerre

[51] Lettre de Manuel Revollo, secrétaire d'Etat à Benoît Chassériau le 12 octobre 1813

fassent au nom du président afin qu'aucune ne puisse être suspectée d'être guidée par un intérêt personnel.

Maintenir l'ordre et faire de Carthagène une cité moderne

En charge de tout ce qui appartenait à la Sûreté publique, j'avais présenté au président deux chantiers qui me semblaient absolument prioritaires. Le premier chantier visait à rapidement prendre toutes les mesures nécessaires pour assurer la tranquillité de l'Etat. Le ministère de la Police avait notamment pour mission d'empêcher les assemblées suspectes, et par là même de couper court aux complots qui pouvaient s'y tramer. Il était vital d'étouffer les propos séditieux et ceux qui visaient à discréditer le gouvernement, même par la satire. Enfin il fallait veiller à ce qu'aucun élément turbulent et pernicieux ne s'introduise dans le pays. Pour ce faire, j'imposai que les Étrangers voulant s'établir à Carthagène y exercent un métier, sans quoi ils ne pourraient y demeurer.

Pour la sécurité de l'État, Torices m'accordait, en fonction de l'urgence, la possibilité de requérir la force armée. Mais cette faculté me parut insuffisante. A l'exemple de ce qui existait en Europe pour la sécurité de l'État et des habitants, je mis sur pied une Compagnie de gendarmes placée sous les ordres d'un capitaine et composée de quinze officiers et quarante-quatre soldats. Ces hommes avaient leur propre caserne et un uniforme distinct des autres corps de l'armée. Quatre ou cinq gendarmes relevés tous les mois étaient affectés hors des murs de Carthagène avec pour mission d'arrêter les déserteurs de notre armée.

A la gendarmerie, s'ajoutait le personnel du ministère de la Police, dix-neuf personnes dont cinq espions à gages. Le budget alloué à l'espionnage intérieur et extérieur représentait à lui seul plus du tiers du budget de fonctionnement du ministère.

Concernant la presse, il était vital de la surveiller et de diriger l'opinion publique. Une de mes premières considérations fut donc de restreindre la liberté de la presse dans l'intérêt de la sûreté de l'Etat car le désordre ambiant n'autorisait pas encore cette liberté-là.

Dans cette période d'agitation où la jeune République était encore fragile l'emprisonnement politique se révéla nécessaire. Comme responsable de la haute police et des prisons, je me trouvais directement impliqué. Pour avoir connu la prison et l'injustice dans le passé, je me suis efforcé d'améliorer le sort des prisonniers. Mais le soin que j'y mis occasionna les plaintes et murmures de certains Patriotes qui m'accusèrent de connivence avec l'ennemi. Je refusai dès lors la gestion des prisons qui pour l'heure n'était pas conforme à mes sentiments. Torices, quelque peu effrayé de la situation, décida de me retirer cette responsabilité, ce qui me convenait très bien.

Je peux avancer avec assurance que, pendant tout le temps que ce ministère m'a été confié, il n'y a pas eu une personne arrêtée et pas une exaction de commise contre des Espagnols ou Créoles. Les prisonniers d'État, qui me furent confiés, connurent même une amélioration dans leur sort. Je m'en rapporte à leurs propres témoignages pour qu'il me soit rendu justice.

Le second chantier porta sur tout ce qui avait trait à l'organisation et la salubrité de Carthagène. Nul doute que mon expérience de secrétaire général à Saint-Domingue se révèlerait précieuse. Organiser la ville consista au préalable à établir un plan précis de Carthagène afin qu'il soit imprimé et rendu public. On divisa la ville en quartiers, nomma les rues et affecta un numéro à chaque maison. Il fallait également donner de l'éclat à Carthagène qui était à présent la capitale de ce nouveau pays. Cela passait par un éclairage public de deux cents réverbères qui apporteraient plus de sécurité dans les rues. Je fis adopter plusieurs règlements, portant essentiellement sur des interdictions. Figurait notamment l'interdiction de marcher armé dans la rue, à l'exception des militaires vêtus de leur uniforme. Il était aussi interdit à tout homme de sortir de chez lui passé neuf heures du soir sous peine d'être puni. Enfin, les esclaves quelle que soit leur couleur, ne devaient pas se trouver dehors après neuf heures sans un papier de leurs maîtres.

La salubrité de Carthagène restait un problème à régler le plus promptement possible. Les cloches de la cathédrale Santa Catalina allaient dorénavant sonner tous les jours à neuf heures du matin pour avertir les seize mille habitants de balayer devant leur porte. Quatre appariteurs de police veillèrent à cela et pouvaient dresser des amendes. Les places publiques furent quant à elles nettoyées par deux forçats munis de tombereaux. Agir pour prévenir les infections qui, régulièrement surgissaient lors des périodes de chaleur, était absolument nécessaire. La première décision fut d'interdire l'enterrement des morts dans l'enceinte de Carthagène, à l'exception des églises. Toutes ces dispositions engendraient des dépenses importantes pour l'Etat dont le budget était pour beaucoup consacré à sa défense. J'étais soucieux de balancer ces nouvelles dépenses avec des revenus. Pour ce faire, je comptais sur une méthode bien connue, la levée de nouveaux impôts. Ainsi fut instauré un impôt sur les maisons réparti proportionnellement à la valeur des loyers et diverses taxes liées à la délivrance de passeports et de patentes sur les cabarets.

De l'importance de bien rétribuer nos corsaires

Les corsaires, qui n'agissaient que dans le cadre d'une lettre de course octroyée par un Etat, pillaient les bâtiments transportant les richesses de l'Amérique vers l'Espagne et vice et versa. Le produit de ces attaques servait en partie à financer les pays qui les accréditaient[52]. A défaut de posséder sa propre marine, l'Etat de Carthagène employait sous son pavillon de nombreux corsaires mais avait quelques difficultés à les garder fidèles. La raison à cela était bien sûr l'argent. Il suffisait de comparer le traitement que réservait à ses corsaires le roi d'Espagne ou de France, avec le nôtre. Les lettres de courses du roi d'Espagne attribuaient au capteur, c'est à dire le corsaire, non seulement la

[52] A la différence des corsaires, les pirates pratiquaient le pillage pour leur propre compte, sans distinction de nationalité et y compris la leur.

possession des apparaux[53], des armes et de l'artillerie prise à l'ennemi mais encore les gratifiaient d'une prime importante pour chaque canon et prisonnier conduit dans les ports espagnols. La France et l'Espagne avaient une longue et ancienne expérience de comment indemniser les corsaires des risques attachés à leurs expéditions. Que l'Etat de Carthagène, certes moins riche que les autres puissances, ne paye pas aux corsaires des primes de capture ne les incitait pas à se mettre sous notre pavillon.

Pourtant ces corsaires qui agissaient comme notre marine de Guerre étaient indispensables pour assurer la sécurité des côtés et par là même de notre commerce maritime. On délivra notamment des lettres de marques à d'anciens militaires français qui opéraient dans la Caraïbe, parmi eux le corsaire Louis Aury et l'armateur Jean-Baptiste de Novion avec lesquels j'aurais plus tard le projet d'attaquer Panama[54]. Le cas de Louis Aury est intéressant car arrivé à Carthagène en mai 1813, il devint quelques mois plus tard Commodore de la marine de la Nouvelle-Grenade.

Notre situation fragile me poussa donc à défendre auprès de Torices la nécessité de mieux rétribuer nos corsaires. Je redoutais au-dessus de tout que frustrés de ces avantages, les corsaires sous pavillon de Carthagène ne cèdent à la tentation de vendre discrètement leurs prises dans les ports voisins de la Caraïbe. Les conséquences seraient évidemment funestes car nous nous verrions privés de l'acquisition facile d'un armement essentiel à notre défense. Cet armement pouvant dès lors même tomber entre les mains de nos ennemis. Les économies pour le trésor public faites sur les primes des corsaires, ne pouvaient contrebalancer tous les désavantages que j'indiquai à Torices. Bien trop intelligent pour ne pas comprendre les enjeux, il n'avait d'autre choix que de réévaluer le traitement de nos corsaires.

---

[53] Matériel de navire permettant d'assurer des manœuvres de mouillage, d'amarrage, etc...

[54] Voir le projet de conquête de Panama en 1819 par Chassériau, Aury et Novion

Le 8 mars 1814, la Chambre des représentants votait en faveur des corsaires, afin qu'ils touchent quarante pour cent des marchandises provenant des navires capturés.

Je suis fait citoyen de Carthagène (1814)

Le 3 juin 1814, je devins citoyen de l'État de Carthagène. Cette naturalisation m'était offerte par Torices en remerciement de mon engagement pour l'indépendance du pays et la cause de la Liberté. Dans son décret, il rappela que bien que n'étant pas né sur ce sol, j'avais agi comme un frère et un patriote[55]. Je retire encore aujourd'hui une grande fierté de cette naturalisation. C'était comme être accueilli dans une famille encore petite, soudée par un destin commun et le même désir de liberté. Quelques semaines plus tard, je présentai au Congrès de Nouvelle-Grenade ma démission cette fois définitive, du poste de major de l'armée de Carthagène. J'avais mes raisons et décidai de m'établir comme simple négociant à Kingston, avec toutefois la bénédiction de Torices et son gouvernement...

---

[55] Acte de naturalisation du 3 juin 1814, cf. annexes

- VIII -

Kingston, île de la Jamaïque (1814-1820)

colonie anglaise

***

Harbour street à Kingston par James Hakewill (1820)

Négociant et espion à Kingston (1814-1815)

Les apparences se révélaient en effet trompeuses. J'avais démissionné de l'armée néo-grenadine mais je n'abandonnais pas mes frères d'armes. En retombant dans l'anonymat sans plus aucune fonction officielle, je pensais dorénavant être davantage utile à la Nouvelle-Grenade depuis la Jamaïque qui était une colonie anglaise. J'avais quitté Carthagène en août 1814 pour m'installer à Kingston, en réalité investi par le secrétaire d'Etat Manuel Benito Revollo, d'une mission secrète des plus importantes. Revollo s'inquiétait de la situation de la Nouvelle-Grenade et plus généralement de l'indépendance des nouveaux États, maintenant que la paix en Europe était revenue et que Napoléon se trouvait exilé sur l'île d'Elbe. L'Espagne allait-elle reprendre des forces et repartir à la conquête de ses colonies perdues en Amérique ?

Le port de Kingston était considéré comme une place stratégique dans la région et idéale pour observer parmi ses habitants le nombre important d'amis mais aussi d'ennemis de la cause des Indépendants. Les étrangers qui s'y trouvaient bien représentés géraient des capitaux importants. Le gouvernement de Carthagène savait combien l'argent était le nerf de la guerre pour qui voulait étouffer ou favoriser tel ou tel mouvement dans cette partie du monde. Aussi je devais surveiller avec attention comment était employé l'argent des étrangers et qui en étaient les bénéficiaires.

Revollo souhaitait être informé en priorité de toutes les nouvelles ayant trait aux projets de l'Espagne avec ses anciennes provinces d'Amérique devenues indépendantes. Je scrutais tout mouvement suspect, tout bruit d'expédition ou encore toutes les sorties de navire pour la Terre-ferme[56]. J'observais en priorité les affaires de l'Angleterre, son commerce et son opinion sur la question de l'indépendance. Enfin,

---

[56] La Terre-ferme était le nom donné du temps de la colonisation de l'Amérique par la couronne espagnole au Venezuela, à l'Isthme de Panama et à une partie des territoires de la Colombie. À l'origine, on donnait également ce nom à tous les territoires des côtes septentrionales de l'Amérique du Sud et centrale, des Guyanes à l'Isthme de Panama.

je surveillais attentivement la presse et faisais régulièrement parvenir à Carthagène les gazettes anglaises et espagnoles. Dès qu'une occasion se présentait, je distillais les nouvelles liées aux avancées des Indépendants pour contrer les plumes ennemies qui, depuis Kingston, écrivaient mille calomnies à l'encontre des nouveaux Etats. La très partisane *Gazette de Kingston* avait pris l'habitude de créer de toutes pièces des nouvelles visant à ridiculiser et faire passer les Indépendants pour d'odieux anarchistes.

Des armes pour l'armée de Nouvelle-Grenade (1814)

Kingston n'était pas la capitale de l'île mais de loin la plus importante de la Jamaïque. Depuis mon magasin situé non loin du port, je dirigeais mes affaires qui portaient aussi bien sur des denrées telles que la farine ou le café que sur des produits manufacturés, cigares, armes, porcelaine, livres ou encore des machines-outils venant d'Europe et d'Amérique du Nord. Je m'appuyais sur l'important réseau que constituaient les négociants français de l'île, la plupart anciens colons de Saint-Domingue, et les armateurs de La Rochelle à l'instar de mes cousins Seignette[57]. Ma famille avait elle aussi rejoint Kingston, toutefois il arrivait que mes affaires m'amenèrent loin de ce port car je commerçais assez activement avec Port-au-Prince où j'étais déclaré comme négociant.

En août 1814, Manuel del Castillo, qui présidait le Conseil de guerre de Carthagène, me confia la mission d'équiper en uniforme l'armée de Nouvelle-Grenade. Je disposais de cinq mois pour livrer une quantité considérable de marchandises à Carthagène, la moitié des uniformes devant être acheminée sous deux mois. Sans faire trop de bruit, je dus fournir pas moins de trois mille six cents tuniques aux six bataillons d'infanterie, six cents vestes aux trois escadrons de cavaleries, quatre mille chapeaux, douze mille paires de chaussures et enfin cinq

[57] Les Seignette sont une famille de négociants-armateurs de La Rochelle

mille plumes pour les chapeaux des soldats. En plus des uniformes, je reçus cette fois-ci du gouverneur de Carthagène Juan de Dios Amador, la mission de fournir au gouvernement d'Antioquia entre cinq cents et mille fusils à baïonnette. Mener cette mission depuis Kingston n'était évidemment pas sans risque car ce type de transaction était considéré comme de la contrebande de guerre. Je dois dire que l'importance de la contrepartie financière mit fin à mes hésitations. Ce n'était pas la première fois qu'une mission de ce genre m'était confiée mais celle-ci se révéla plus difficile à organiser. Je n'avais que trop conscience de l'urgence des Indépendants à trouver des armes. L'issue fut heureuse car, avec l'aide du négociant Vicente Benedetti, mille fusils furent livrés à Carthagène. Sous cette couverture de négociant malgré tout bien réelle, je restai à Kingston l'envoyé secret de Manuel Revollo et ce jusqu'à la chute de Carthagène en décembre 1815.

Je sauve la vie de Bolívar (1815)

Notre vie à Kingston avait retrouvé une certaine tranquillité, une tranquillité que je n'avais pas connue depuis bien longtemps. Le soir, nous avions l'habitude de nous retrouver entre Français pour jouer aux cartes et faire la conversation dans la pension d'un ancien colon de Saint-Domingue qui faisait aussi café. De nos discussions souvent animées, il ressortait le sentiment que l'heure de l'émancipation des Noirs dans les colonies approchait à grands pas, les Anglais favorisant activement ce mouvement. J'avais retrouvé à Kinsgton plusieurs frères d'armes, notamment les colonels Miguel Carabaño, Manuel Cortés Campomanes, Louis de Rieux, le général Robertson[58] et mon fidèle ami

---

[58] John Robertson (Montréal 1767-Kingston 1815), après une première affectation comme militaire dans les Antilles devint secrétaire du gouverneur de Curaçao où il fit la connaissance de Chassériau. C'est à titre officiel qu'il prit contact avec les Patriotes vénézuéliens dès 1808 mais ses initiatives furent ensuite désavouées par Londres. Il passa en 1811 au service des rebelles vénézuéliens, d'abord auprès de Miranda, puis auprès de Bolívar qui le fit général de brigade. Il accompagna Bolívar dans son exil en Jamaïque où il traduira en anglais la fameuse "Lettre de Jamaïque". Il meurt en Jamaïque en 1815 juste avant le départ de Bolívar.

Leleux qui nous quitta assez tôt pour retourner en Europe. Il débarqua à Portsmouth le surlendemain du désastre de Waterloo. Je gardais auprès de moi son dévoué domestique, Auguste.

Comme d'autres qui avaient récemment combattu pour Carthagène, je rendais régulièrement visite au général Bolívar, réfugié à Kingston depuis mai 1815, après avoir essuyé plusieurs revers militaires. C'est durant ses premiers mois d'exil qu'il rédigea la *Lettre de Jamaïque*, un écrit important dans lequel il exposait son projet de confédération sud-américaine portant le nom de Colombie. Le général Robertson en fit la traduction anglaise. Sur le plan financier, la situation de Bolívar se détériorait très vite et en octobre, il sembla ne plus avoir de quoi vivre décemment. A ses problèmes d'argent, s'ajoutait un état d'esprit en Jamaïque qui devenait jour après jour un peu plus hostile à son projet d'expédition pour libérer l'Amérique du sud. Le gouvernement britannique de la Jamaïque jouait la neutralité et ne voulait pas compromettre ses intérêts en appuyant ouvertement Bolívar. Un certain nombre de ses amis commencèrent également à s'éloigner de lui.

La scène que je m'apprête à décrire s'est déroulée le samedi 9 décembre 1815[59]. Bolívar logeait dans une auberge située à l'angle de Princess Street, à quelques encablures du port et non loin de mon magasin. Cette pension mal tenue appartenait à Rafaella Poisa, une femme bavarde, perverse et de mauvais augure selon les propres mots de Bolívar. A la demande du colonel Pedro Ramón Chipía venu solliciter mon aide financière, je rendis visite tôt dans la matinée au général qui, à son habitude, me reçut allongé dans son hamac. Notre conversation dans un français qu'il parlait et écrivait très bien, porta essentiellement sur le

---

59 - "*Simón Bolívar : Ensayo de interpretación biográfica a través de sus documentos*" de Tomás Polanco Alcántara - Édition Academia Nacional de la Historia, Universidad de los Andes, Mérida, Venezuela - 1994 - page 263
- "*Bolívar en Jamaïque - La carta y otros desvelos*" de Gustavo Pereira - Fundación para la Cultura y las Artes, Caracas - 2015 - page 80
- "*Escritos del Libertador Simón Bolívar : Documentos, Volume 8*" - Sociedad Bolivariana de Venezuela - page 39

projet d'expédition sur la Terre-ferme. Son logement était modeste, assez étroit, meublé d'un simple couchage pour lui et de quatre lits pour les compagnons d'infortune qui l'accompagnaient dans son exil. D'une manière générale à Kingston, nous n'étions pas habitués au luxe mais les conditions de vie de Bolívar, si éloignées de celles qui furent les siennes il y a peu encore, avaient marqué mon esprit. Je profitai de notre discussion pour l'inciter, sans perdre un instant, à trouver un logement plus approprié à ce qu'il représentait. Pour ce faire, je lui remis cent gourdes, une somme qui lui permit de quitter le jour même cette vilaine auberge pour habiter un logement composé de deux pièces chez Madame Julienne, une créole française[60].

Le soir, un de ses amis, le jeune Félix Amestoy, qui ignorait son récent déménagement, attendait à l'auberge et finit par s'assoupir dans le hamac. Il était dix heures passées quand dans la pénombre, Pío, le domestique de Bolívar s'approcha du hamac et poignarda d'un coup de couteau dans la gorge celui qu'il pensait être son maître. Félix Amestoy, ensanglanté eut le temps d'appeler au secours le colonel Paez[61] avant de recevoir une deuxième frappe, cette fois mortelle, en plein cœur. Paez découvrit le corps inanimé d'Amestoy et alerta Bolívar qui de retour à l'auberge interrogea Pío visiblement très nerveux. Il fallut peu de temps pour que celui-ci avoue son crime. Bolívar en fut très affecté car Pío, qu'il appelait avec tendresse Piíto, l'accompagnait fidèlement depuis plusieurs années.

Le lendemain même, le domestique âgé de dix-neuf ans était traduit en justice et condamné à mort. Il avoua avoir reçu des Espagnols deux mille pesos, une somme considérable, pour assassiner son maître. Quatre jours après sa confession, il fut pendu sur la place publique de Victoria et sa tête plantée à la vue de tous sur un poteau du cimetière de Spring

[60] La visite de Benoît Chassériau est commentée dans le *Boletín de la Academia Nacional de la Historia* (Venezuela), Volume 58, 1975, page 505

[61] Le colonel Paez était l'aide de camp du général Bolívar.

path. Voici comment par le hasard des circonstances, j'ai contribué à sauver la vie du Libérateur. Il s'agissait de la troisième tentative d'assassinat sur sa personne et bien d'autres allaient suivre.

Le prêt à Bolívar pour l'expédition des Cayes (1816)

Depuis notre première rencontre à Caracas, Bolívar connaissait mes sentiments acquis à la cause de l'indépendance. De trois ans son aîné, il me semblait comprendre Bolívar pour qui j'avais une réelle admiration et affection. Aussi il n'hésita pas un instant à solliciter mon aide pour trouver le financement de ses grands projets car monter une expédition militaire nécessitait beaucoup d'argent. Pour réunir des fonds si importants, il me fallut solliciter mes amis et quelques associés de la maison anglaise *Hardy Morce & Cie* avec laquelle j'étais en affaires. Avec Jean-Baptiste Pavageau[62] (que Bolívar me présenta), Maxwell Hislop[63], George Robertson, Miguel Scott et S. Campbell, nous avions formé un consortium qui au total réunit trois mille gourdes. Malgré quelques difficultés financières, je réussis à lui prêter à titre personnel, la somme de quatre cent quatre gourdes. Une petite partie de notre prêt allait être employé pour subvenir aux dépenses immédiates de Bolívar. Le principal financerait l'achat d'armes et les transports nécessaires à l'expédition pour la Terre-ferme.

Le 18 décembre 1815, Bolívar quitta la Jamaïque en direction de la Terre-ferme. En chemin, il apprit d'un capitaine corsaire que Carthagène venait de retomber entre les mains des Espagnols. Après un siège effrayant de cent sept jours, les troupes du général Morillo avaient fini par entrer dans Carthagène pour n'y trouver que désolation et la mort. Les Patriotes avaient la veille réussi à évacuer la ville pour rejoindre

---

62 C'est par l'intermédiaire de Bolívar que Chassériau connut J.B Pavageau (cf. *Los egregios precursores de nuestra casa militar*, par Francisco Alejandro Vargas, Ed. de la Presidencia de la República de Venezuela, 1995, p.274). Pavageau fut le parrain d'un fils de Chassériau.

63 En octobre 1815, Maxwell Hyslop était parmi les commissaires de Carthagène envoyés à Kingston à la rencontre du duc de Manchester.

Haïti et la Jamaïque grâce aux six goélettes du corsaire Louis Aury. Bousculé par cette nouvelle, Bolívar changea aussitôt ses plans pour se rendre en Haïti qui était dirigé par le président Alexandre Pétion. Cette partie de Saint-Domingue était devenue la terre d'exil pour tous les Républicains de la région. Deux jours après son arrivée aux Cayes, Bolívar m'écrivit afin de me rassurer sur ses intentions. Malgré la chute de Carthagène, il maintenait son projet d'invasion pour la cause de l'Amérique[64]. Certainement désemparé, il m'assurait ne pas baisser les bras. Il espérait que ses amis en feraient de même et ne l'abandonneraient pas. Ce que nous nous interdisions d'envisager. Il envoya une lettre dans des termes similaires à Maxwell Hyslop.

Au tout début de l'année 1816, l'expédition dont le capitaine Luis Brión organisait la flotte était quasi parée. L'île Margarita, sur laquelle il comptait débarquer, venait d'être libérée de la domination espagnole et ce pour la troisième fois. Nous espérions tous qu'il s'agissait bien de la dernière[65]. Dans une lettre, Brión m'annonçait que les Espagnols faisaient déjà la grimace à Caracas et la Guaira et que Bolívar avait été reçu à merveille au Port-au-Prince par le président Pétion. Étant l'un des rares à recevoir directement des nouvelles de l'expédition, j'étais chargé de les transmettre à tous nos amis acquis à la cause des Indépendants. Deux mois passèrent et après plusieurs succès militaires, Bolívar nomma Brión amiral. Le tout nouveau promu qui devait avoir confiance dans mes goûts me chargea de lui trouver une dague et un fourreau doré « assez beau pour un amiral ». Il voulait aussi du drap bleu pour que son futur uniforme ressemble à celui de la marine française.

Avec l'appui du président haïtien, la flotte de Bolívar quitta le port des Cayes en avril 1816. Après plusieurs haltes et une victoire en mer, à la bataille de *Los Frailes*, le corps expéditionnaire, fort de quelques milliers d'hommes, toucha en mai le sol vénézuélien sur l'île de

---

64 Lettre de Simón Bolívar le 26 décembre 1815 (Les Cayes) à Benoît Chassériau, conservée à la *Sociedad Bolivariana* de Venezuela – cf. annexes

65 Lettres de Luis Brión le 10 janvier et 14 février 1816 à B. Chassériau (Les Cayes), cf. annexes

Margarita. Il rejoignit ensuite sur le continent la ville de Carúpano, d'où Bolívar proclama l'abolition de l'esclavage. En juin, Bolívar prit à nouveau sa plume pour m'écrire cette fois-ci avec un réel enthousiasme. Il avait confiance dans le courage et le patriotisme de ses soldats et me promettait une victoire certaine et proche. Selon lui, les Espagnols étaient tellement désabusés qu'ils ne pouvaient triompher. Leur situation désespérée ne leur permettait pas même de se défendre, sinon seulement de fuir.

> « *Ami, tout conspire pour assurer le fruit de nos efforts. Les Espagnols sont tellement convaincus qu'ils ne peuvent triompher et que leur situation est désespérée et que, bien qu'ils semblent se défendre, ils tentent de fuir et de se sauver. La générosité de la conduite que je me suis proposé tenir à leur égard, aura une grande influence, je crois, pour me faciliter la liberté de ma patrie.*
> *Je vous prie de saluer de ma part votre épouse et recevez l'affection sincère avec laquelle je suis votre fidèle serviteur* » [66]
>
> Simón Bolívar

La flotte repartit et suivit la côte jusqu'à Ocumare où les forces débarquèrent pour se rendre à Maracay. Mais harcelée par les Espagnols, l'armée de Bolívar dut battre en retraite en laissant une partie du matériel sur la plage et six cents hommes qui se retirèrent par la terre. En novembre 1816, Brión m'informa que Caracas et la Guaira avaient été repris aux Espagnols. Il ne restait plus que Puerto Cabello et l'Angustura qui tomberaient sous peu. Malgré les revers subis par Bolívar à Ocumare, l'expédition des Cayes avait permis la libération de l'Est du Venezuela. L'implantation des troupes de Bolívar sur le continent ouvrait la voie à la victoire de l'indépendance.

---

[66] Lettres de Simón Bolívar le 27 juin 1816 à Benoît Chassériau (Les Cayes) – cf. annexes

C'est dix ans plus tard en 1826 que Simón Bolívar, alors président du Venezuela, me remboursa les quatre cent quatre gourdes prêtées à Kingston pour l'expédition des Cayes. Je dus lui rappeler cette dette ancienne et c'est dans une lettre pleine de chaleur que Bolívar me remercia. Il se souvenait très bien des moments et circonstances durant lesquels ce prêt lui fut octroyé. Il ordonna au Trésor qu'on me remboursât mon prêt augmenté de plus de cinquante pour cent d'intérêts ! Dixit Bolívar, son amitié et son estime me seraient toujours acquises au titre des services rendus à la cause de l'indépendance. Je garde cette lettre précieusement en dépit des divergences que nous pûmes par la suite avoir.

> *« Je me rappelle parfaitement du moment et circonstances où vous avez donné cette somme complémentaire, et j'ai toujours eu à louer votre détachement, et pour cette raison je m'empresse de faire le paiement correspondant. [...] Je me rappelle toujours de vous avec l'estime que vos services méritent et l'Amitié que vous me portez. »* [67]
>
> Simón Bolívar

La *Tombeckbee Company* en Louisiane (1817-1818)

Comme nombre de réfugiés français de Saint-Domingue l'avaient déjà fait, j'envisageai au cours de l'année 1817 de m'installer aux États-Unis. Mes voyages à New-York et La Nouvelle-Orléans se faisaient plus fréquents. Je comptais dans ces villes plusieurs relations, dont le financier Sainte-Gême[68] que je connaissais depuis Carthagène et qui était proche des pirates Pierre et Jean Lafitte. Les Français se trouvaient

---

[67] Lettre de Simón Bolívar à Benoît Chassériau, le 24 juin 1827 (Caracas). Benoît Chassériau copie la lettre de Bolívar dans un courrier à son fils Frédéric, 3 juillet 1827. – cf. annexes

[68] Le baron Henri de Sainte-Gême servit dans l'armée française lors de l'expédition de Saint-Domingue puis dans l'armée américaine lors de la bataille de La Nouvelle-Orléans. Il fut le financier des pirateries des années 1800 dans la Caraïbe, en particulier celui des frères Pierre et Jean Lafitte.

plus nombreux que jamais à la Nouvelle-Orléans. Quelques centaines d'anciens planteurs s'y étaient implantés, emmenés par deux généraux Lefebvre-Desnouettes et Lallemand qui étaient restés fidèles à Napoléon. Ce vaste territoire n'était autre que l'ancienne Louisiane française, cédée en 1803 aux Etats-Unis par l'Empereur. Le Congrès américain pour favoriser la plantation de vignes et d'oliviers avait décidé en 1817 la concession de trente-sept mille hectares de terre à cette importante communauté française. Dès la souscription ouverte, je pus acquérir grâce à Martial Denis Belangé, un ami négociant à la Nouvelle-Orléans, une action de la *Société coloniale française* devenue peu de temps après la *Tombeckbee Company*, nom de la rivière voisine. Cette action me donnait droit à cent vingt hectares de terres à planter dans la colonie, trois hectares autour d'Aigleville et un lot de mille mètres carrés dans la ville même. En 1818, plus de cent familles françaises s'y étaient déjà implantées.

Maintenant que j'étais actionnaire de la *Tombeckbee,* le général Charles Lallemand me pressait de le rejoindre. Mais au préalable, je devais décider de l'avenir de mes enfants. Devais-je les garder auprès de moi dans cette région du monde tourmentée ou les envoyer parfaire leur éducation en France chez Leleux ou mon frère Théodore ? Cet investissement en Louisiane devait m'assurer des revenus conséquents pour l'avenir car la perspective de faire fortune à Aigleville était bien réelle. Un des plus grands propriétaires de la *Tombeckbee* nommé Curcico me proposait de gérer ses biens et de former des établissements sur les quelque six mille hectares en sa possession ! Mais la condition était de s'établir rapidement à Aigleville car déjà des voix s'élevaient au sein de la communauté pour en exclure les actionnaires qui n'étaient pas déjà installés aux États-Unis. J'avais moi-même été directement visé. Un prospectus avait circulé dans lequel j'étais désigné comme l'agent à Kingston d'un ancien royaliste nommé Fernagus[69] dont j'étais supposé

[69] En 1802, Jean-Louis Fernagus avait été envoyé à Cayenne pour avoir composé des romans satiriques contre Bonaparte et le gouvernement. Il réussit à prendre la fuite pour les États-Unis.

tenir l'entrepôt de librairie. On m'accusa également d'avoir été naturalisé anglais, ce qui ne pouvait être le cas. Être citoyen français sans parler de ma naturalisation récente par Carthagène me suffisait.

Je décidais finalement de vendre ma part mais continuais à soutenir Charles Lallemand et son frère François, également général, avec lequel j'étais lié d'amitié. A l'aide d'une poignée d'anciens de la Grande Armée, les frères Lallemand étaient déterminés à fonder une nouvelle colonie appelée *Champ d'Asile*. Ils l'établirent au Texas sur l'emplacement d'un ancien fort espagnol, non loin de l'île de Galveston qui était occupée par Jean Lafitte. Cette colonie idyllique, fondée par des officiers bonapartistes que j'hésitais un temps à rejoindre, eut une existence très brève en 1818 mais devint un véritable mythe politique.

En faillite (1818)

Mes affaires avaient connu des hauts et des bas au gré des fluctuations du cours des marchandises et des combats sur la Terre-ferme. Mais cette fois en 1818, je dus faire face à un revers financier dont je ne me relèverais que difficilement. La Jamaïque est de toutes les colonies que je parcourus, celle où je fis le plus long séjour. A Kingston, des amis intéressés par ma situation, m'avaient confié leurs intérêts qui dans des circonstances malheureuses, eurent à souffrir. Grâce à leurs crédits, j'avais formé un établissement de commerce des plus importants. Je ne les avais pas laissé ignorer que je ne possédais aucune fortune mais cela ne les avait pas arrêtés et ils me vendirent une grande quantité de marchandises payables à des échéances très éloignées. Grâce aux bénéfices des ventes, je pus soutenir ma famille jusqu'à ce que la paix[70] que venaient de conclure les puissances d'Europe se fit sentir à la Jamaïque.

[70] Le congrès d'Aix-la-Chapelle (1818) décida l'admission du royaume de France à la Sainte-Alliance (la Quintuple alliance) et la fin de son occupation.

Cette paix occasionna indirectement une baisse de 30% sur le prix des marchandises tandis qu'un stock important, plus de 30.000 piastres, me restait entre les mains. Cette chute des prix changea dramatiquement ma situation car je ne pouvais à présent plus compter sur la vente des marchandises pour honorer mes engagements. J'exposai franchement ma situation à mes créanciers qui étaient tous des amis, et leur proposai de leur remettre les marchandises encore en ma possession. Tous consentirent à les reprendre et me donnèrent une quittance générale et définitive qui éteignait par là même toutes mes dettes. Leur générosité ne s'arrêta pas là, car deux d'entre eux me permirent même d'acheter en avril 1818, la goélette américaine *General Brown*, un navire de 89 tonneaux que je rebaptisai *Les deux sœurs*. Achetée au capitaine des garde-côtes d'Haïti, elle avait été en relâche forcée au Port-au-Prince suite à d'importantes avaries, le grand mât et le mât de misaine fendus, la grande voile et la misaine déchirées… Il me fallut engager de gros travaux pour la remettre en état.

Régulièrement, Pavageau m'adressait des notes sur les opportunités de négoce qu'il détectait au gré de ses voyages. Des opportunités que je pouvais dorénavant saisir grâce à ma goélette. Ses notes sur Haïti illustraient bien combien la situation des pays récemment émancipés était difficile. Son avis était des plus tranchés. Selon lui, je n'avais plus rien à y espérer… La situation d'Haïti était calamiteuse. Sa population diminuait naturellement dans une proportion alarmante. Les campagnes étaient désertées. Les femmes vivaient de leurs ventres dans la débauche. Sa rencontre avec le président Pétion lui faisait dire qu'Haïti était gouverné par un joli causeur, ambitieux et désirant établir un gouvernement de baïonnettes. Pavageau tenta malgré tout d'y introduire mon affaire de porcelaine… Définitivement, commercer avec les nouveaux États de cette région n'était pas chose aisée. Mais cette goélette permit de faire vivre ma famille jusqu'à mon départ de la Jamaïque en janvier 1820.

L'attaque de Panama avec les corsaires Louis Aury et Jean-Baptiste de Novion (1819)

Dans cette période de troubles, la recherche de nouveaux débouchés au commerce de l'Europe requérait de l'audace et un opportunisme plus important que jamais. Étendre son commerce avec l'Amérique du sud était l'enjeu du moment et faisait l'objet de convoitises des grandes nations. Avec Jean-Baptiste Pavageau, nous étions de ceux qui n'oubliaient pas leur patrie au milieu des profonds bouleversements de l'époque, la chute de Napoléon et l'émancipation des colonies espagnoles en Amérique. Nous cherchions le moyen d'étendre nos affaires tout en favorisant l'influence de la France dans ces nouveaux Etats. Ceux-là même qui pourraient nous ouvrir leurs ports, demeurés jusqu'alors fermés à notre commerce. Pavageau et moi n'avions que trop conscience de l'habileté des Anglais et prenions en exemple leur façon de commercer. Depuis 1812, les seuls marchands de la Jamaïque avaient vendu des marchandises anglaises sur le continent sud-américain pour plus de trois millions de piastres par an.

L'isthme de Panama représentait une formidable opportunité pour nos affaires et pour la France. Mais nous redoutions que le gouvernement anglais ne se décide à occuper Panama afin de contrôler la route des marchandises de la région. Ce qui se profilait car le mercenaire écossais MacGregor semblait s'agiter dans ce sens[71]. L'occasion de conquérir cette possession espagnole était stratégique et ne devait pas être négligée par la France. Comme d'autres avant nous, Pavageau et moi avions même imaginé relier la mer des Caraïbes avec l'océan Atlantique en ouvrant un canal dans cet isthme de Panama[72]. Un

---

[71] Chassériau était convaincu que l'expédition contre Portobelo confiée à l'aventurier écossais Gregor MacGregor par les agents de la Nouvelle-Grenade à Londres et Kingston, était une manœuvre anglaise pour s'emparer de l'isthme de Panama (*Les commissaires de la Restauration auprès des États hispano-américains (1818-1826),* Daniel Gutiérrez Ardila - La Révolution française, 2014, p.6)

[72] Le projet de canal verrait le jour bien plus tard avec Ferdinand de Lesseps. Arthur Chassériau, petit-neveu de Benoît Chassériau, fut un proche collaborateur de Lesseps comme directeur financier

projet gigantesque qui pouvait considérablement raccourcir les routes du commerce avec l'Asie.

Voici le plan des opérations que nous comptions présenter au gouvernement français. L'idée première était de s'assurer les services du corsaire Louis Aury. Français de naissance, on le disait prêt à œuvrer pour la France, moyennant quelques avantages financiers et des honneurs. Son antipathie pour les Anglais était notoire et je savais MacGregor être son ennemi personnel. En plus d'Aury, il nous fallait aussi compter sur le corsaire Jean Lafitte et Jean Baptiste de Novion[73] qui avait récemment opéré avec une lettre de course de Carthagène. Je me rapprochai des Américains du nord grâce à Robert Cartmel[74], un négociant de New York, proche de l'ancien vice-président des États-Unis, Aaron Burr. Le même Aaron Burr qui avait obtenu en 1817 de faire sortir Novion de prison lorsqu'il fut accusé de mener avec Aury des activités de piraterie en violation des lois de neutralité américaines[75].

Âgé de trente ans, Aury avait derrière lui une carrière de flibustier déjà bien remplie. Il avait servi dans la marine française et pour le compte d'autres corsaires jusqu'à ce que la fortune lui permette de devenir maître de ses propres navires. J'avais fait sa connaissance à l'époque où Carthagène lui avait confié le commandement de ses corsaires. Après la chute de Carthagène et un passage aux Cayes où il se brouilla avec Bolívar, Aury avait connu quelques succès. Il parvînt même pendant un court temps à être gouverneur du Texas. Depuis 1818,

---

à la Compagnie universelle du canal interocéanique de Panama.

[73] Jean B. Novion alias Jean-Baptiste de Novion (1763-) lieutenant en premier du régiment Royal-Vaisseaux fut porté sur la liste des émigrés le 5 février 1793. Il émigra aux Etats-Unis en 1795 pour rejoindre à Albany son ancien colonel devenu fermier, puis s'installa à New-York. Il habitait en 1817 au 22, Roosvelt Street à New York (d'après l'agenda de Benoît Chassériau). J.-B. de Novion et l'auteur de cet ouvrage ont pour aïeul commun Ignace de Novion, établi en Champagne au 17ème siècle.

[74] Robert Cartmel était un négociant anglais que rencontra Chassériau lorsque tous les deux résidaient à Carthagène. Il habitait 12, Pearl Street à New York selon l'agenda de Chassériau.

[75] En 1817, Novion avait été accusé de mener des activités de piraterie. Louis Aury était le capitaine du navire incriminé qui battait pavillon de la République de Carthagène avec une lettre de marque accordée par Pedro Gual (cf. *The Emperor's Last Campaign: A Napoleonic Empire in America* par Emilio Ocampo, University of Alabama Press, 2009, p.454).

lui et ses hommes s'étaient retirés sur l'île de la Providence[76], où je me rendis pour lui exposer notre plan d'attaque.

Dans un premier temps, l'objectif était d'obtenir que la France fournisse à Aury mille hommes de bonnes troupes et le matériel nécessaire que l'on acheminerait à la Martinique. Depuis la Martinique et sous prétexte de leur licenciement, on pourrait discrètement transporter ces troupes sur l'île de la Providence. Malgré son différend avec Bolívar, je lui conseillais de prendre le pavillon colombien. L'expédition s'organiserait depuis cette petite île perdue au large du Nicaragua. Nos forces seraient sous les ordres apparents d'Aury, secondé d'un officier dans lequel le gouvernement français aurait toute confiance. La France lancerait des proclamations contre cette expédition tandis qu'elle la soutiendrait par derrière. Une fois Aury en possession de l'isthme de Panama, la France n'aurait plus qu'à négocier avec l'Espagne la cession de ce territoire… un jeu d'enfant.

Louis Aury

Aury était enthousiaste et adhéra sur-le-champ. Pour cette petite expédition comme il l'appelait, nous disposions de six bâtiments armés en guerre et basés à la Providence. Nous attendions encore l'arrivée prochaine du *Cavalo Blanco,* un navire qui avait à son bord quatre cents hommes et cinq cents fusils. De soldats, Aury n'en comptait qu'une centaine, en revanche il possédait un trésor de guerre d'environ deux millions de francs qui résultait de la capture du *Golphe Dolce* six mois auparavant. Avec quelques fonds supplémentaires, Aury assurait pouvoir réunir en très peu de temps à la Nouvelle-Orléans plus de deux mille hommes. Il pouvait aussi compter sur les bâtiments que le gouvernement de Mexico se proposait de fournir. Les Américains étaient quant à eux

[76] Les îles de La Providence sont deux îles volcaniques situées au large du Nicaragua et du Honduras. Elles forment aujourd'hui le département colombien de San Andrés et Providencia.

enclins à nous pourvoir en armes et munitions. Je dois dire que notre projet d'expédition me plaisait beaucoup. J'avais la ferme intention d'y prendre une part active et devais m'entendre avec Lafitte pour embarquer sur son bâtiment.

> *« Il ne nous faut plus que du bonheur. Puisse la fortune ne pas nous abandonner dans une aussi belle entreprise »* [77]
>
> Louis Aury

Restait à convaincre la France de s'engager dans cette aventure. Nous avions chargé de cette mission le frère de Pavageau[78] qui obtint en février 1820 une audience avec le ministre de la Marine et des Colonies, le baron Portal. Dans son exposé, Pavageau avança prudemment car révéler tous les détails du plan pouvait être hautement compromettant en cas de désapprobation. Mais Portal le mit rapidement à l'aise et demanda pour faire son jugement, tous les détails de l'expédition et ce jusqu'aux descriptions topographiques et statistiques du territoire. Après lecture de ces documents, Portal confia que personne plus que lui ne désirait voir la France dotée de nouveaux moyens, qui lui manquaient tant depuis la perte de Saint-Domingue, pour donner un nouvel élan à sa marine, son commerce et son industrie. Malheureusement dans les circonstances actuelles, le ministre jugea qu'il ne fallait tenter aucune expédition en son nom, qu'elle fût secrète ou assumée. Ni les relations avec l'Espagne et l'Angleterre, ni l'état des finances ne le permettait. Pour lui, la France avait depuis trente ans suivi un système de conquête qui avait mis l'Europe à feu et à sang et menacé tous les trônes. La France se trouvait à présent dans l'obligation de ne rien faire qui ferait entrevoir un projet

---

[77] Lettre de Louis Aury à Benoît Chassériau - circa mai 1819 - cf. annexes

[78] Lettre de Pavageau à son frère Jean Pavageau le 18 février 1820, relatant son audience avec le baron Portal, durant laquelle il présenta le plan de conquête de l'isthme de Panama. Pavageau adressa la même lettre à Novion afin d'être sûr que la position de la France leur soit connue.

d'invasion. Après le règne de Napoléon, elle devait rassurer les pays voisins sur ses intentions pacifiques.

Telle fut la réponse officieuse et sans équivoque du ministre à notre projet de conquête du Panama. Comme moi, le baron Portal appartenait à une famille protestante et avait été lui-même armateur. Il entendait parfaitement la démarche et salua avant tout notre patriotisme. Il espérait pouvoir nous témoigner sa gratitude et j'aurais dans un futur assez proche l'occasion d'être à nouveau en relation avec lui. Sans l'appui déterminant de la France, notre projet de conquête de Panama perdait toute sa force et n'était plus envisageable. Aury mourut l'année suivante en 1821 sur son île de la Providence, mais certaines sources affirment qu'il était encore bien vivant à La Havane en 1845…

***

Malgré ces dernières tentatives qui se révélèrent malheureuses, je ne renonçai pas à aider les Indépendants dans leur quête de liberté, une quête à laquelle je croyais avec sincérité. Par ailleurs, le succès de mes affaires se révélait toujours étroitement lié au leur dans la mesure où je commerçais principalement avec les ports de la Terre-ferme. Après la bataille de Boyacá remportée en 1819 par Bolívar sur les troupes royalistes, l'indépendance des pays d'Amérique du sud entamait une seconde phase décisive. Bolívar venait d'ordonner la libération des côtes de la Terre-ferme à son compatriote le général Montilla et à l'amiral Brión qui commandait les vingt-six bâtiments de la flotte. En mars 1820, Riohacha était libérée puis suivirent les ports de Barranquilla et Soledad où les Indépendants reçurent le soutien des habitants dont plusieurs s'enrôlèrent dans l'armée. En juillet, les villes de Carthagène et Santa Marta à leur tour étaient elles aussi sur le point de tomber.

« Carthagène et Santa Marta sont à nous sous peu et croyez-moi à jamais » amiral Luis Brión

Comme mes amis négociants Junca à la Martinique ou Dousdebes en Colombie, je m'efforçai d'apporter une aide logistique aux Indépendants, en facilitant leur approvisionnement en vivres, vêtements et armes. Depuis Barranquilla, les nouvelles me parvenaient régulièrement de l'amiral Brión, du diplomate Miguel de Santa María[79] et de Juan de Dios Amador, l'ancien gouverneur de Carthagène. Je regrettai en revanche le silence de Pedro Gual[80] et du général Montilla, trop occupés à l'organisation de la guerre. Il m'arriva même de m'en plaindre auprès de Santa María qui peut-être pour me rassurer, me confia que Gual et Montilla parlaient de moi "en frère plutôt qu'en ami". Bolívar, lui ne m'oubliait pas et s'enquérait de ma situation auprès de Santa María.

« [Chassériau] *est mon ami :*
il faut lui écrire par le premier bâtiment »[81] Simón Bolívar

Je me souviens combien j'étais tenté de les rejoindre à Barranquilla, devenu le centre de commandement des opérations mais Santa María m'en dissuada. Personne à Barranquilla n'avait échappé aux ravages des fièvres épouvantables qui allaient emporter nombre de combattants. Santa María et Gual étaient eux-mêmes atteints de cette fièvre depuis plusieurs mois. Je renonçai ainsi la mort dans l'âme à les retrouver et demeurai seul à Kingston car ma femme et les enfants avaient depuis regagné Samaná où ils résidaient chez ma belle-famille. L'ancien maire de Santo Domingo avait facilité leur retour sur l'île, et m'avait rassuré sur la nature du gouvernement en place. Selon lui, c'était le

[79] Miguel de Santa María (1789-1837), membre du Congrès de Grande-Colombie. Comme ambassadeur de Colombie au Mexique. il signa le Traité de l'Union entre ces deux pays. Plus tard en qualité de ministre plénipotentiaire cette fois du Mexique, il signa le traité de paix entre le Mexique et l'Espagne qui reconnaît l'indépendance du Mexique.

[80] Pedro Gual (1783-1862) avait été nommé gouverneur civil de l'Etat libre de Carthagène en janvier 1815, époque à laquelle Bolívar s'y trouvait. Il fut à plusieurs reprises élu président de la République du Venezuela entre 1858 et 1861.

[81] Extrait de la lettre de Miguel de Santa María à Benoît Chassériau, 30 août 1820 (Barranquilla)

gouvernement le plus doux qu'il avait connu jusqu'ici. En revanche, de l'espoir de retrouver mes propriétés, il n'en était plus question. La vie continuait et ma famille allait s'agrandir une nouvelle fois avec l'arrivée d'un troisième fils. Je lui donnai le prénom de Théodore[82] en souvenir de mon cher frère. Dès ses premières années, je pus déceler chez Théodore un don exceptionnel pour le dessin, un don que je m'efforcerai toujours d'encourager. Théodore deviendrait, je l'espérais très fort, un grand peintre.

Au service de la France (1819-1820)

La vie à Kingston où je me trouvais encore en affaires avec la maison *Hardy Morse & Cie*, était encore fort agréable. Français, Anglais et Espagnols nous fréquentions à l'occasion de soirées qui pouvaient être très amicales, à l'image des dîners chez le négociant Clarmont avec le major Mac Neil et le paymaster Allen ou encore avec les négociants espagnols Martín Villamil et Antonio San Emeterio. Les nouvelles rencontres étaient fréquentes à Kingston, ville cosmopolite où s'arrêtaient nombre de voyageurs et d'aventuriers venant des quatre coins du monde. Souvent le soir nous nous retrouvions entre Français pour fumer et discuter dans la pension d'un ancien colon de Saint-Domingue qui faisait aussi café. J'y fis notamment la connaissance d'Édouard de Montulé, un homme sympathique qui quelque temps après publia le récit de son voyage aux Antilles[83].

Au cours de mes années passées en Amérique méridionale, j'avais visité les principales villes, établi des relations d'amitié avec les habitants les plus distingués, par leur esprit, leur fortune ou le rang. J'avais été témoin de leurs premiers efforts pour se soustraire à la domination espagnole, de leur succès et aussi de leur revers. Je leur

---

[82] Le grand peintre romantique, Théodore Chassériau (1819-1856) entra dans l'atelier de Jean-Dominique Ingres à l'âge de 11 ans.

[83] "*Voyage en Amérique, en Italie, en Sicile et en Égypte pendant les années 1816 à 1819*" par Edouard de Montulé, Paris 1821 - page 91

avais inspiré une confiance qui me permit même d'être associé à leur projet de société nouvelle. De ce que j'observais à Kingston, la France ne me semblait pas disposer des bons relais pour lutter contre l'influence de l'Angleterre et des Etats-Unis en Amérique du Sud.

Aussi en 1819, je voulus mettre ma connaissance de cette région au service des officiers de la marine française alors en escale à la Jamaïque. Les capitaines Cuvillier, de Mackau, Latreyte et Girolme rapportèrent unanimement au gouverneur de la Martinique, le général Donzelot, l'empressement avec lequel j'avais facilité leur mission respective. Donzelot ne tarda pas à me solliciter pour aider le capitaine de Mackau[84] , qui avait pour mission de prendre à son bord les colons français de Saint-Domingue désirant retourner en France[85]. Mackau dont les manières étaient des plus parfaites, me parut autant satisfait que moi de la façon dont je m'étais acquitté de cette tâche. Il flatta mon ambition en me laissant entrevoir que mes services seraient jugés très utiles par son ministre et il m'engagea à continuer à lui communiquer tout ce qui pouvait intéresser la France. Sur ses conseils, je fis parvenir au ministre mes réflexions sur la situation de l'Amérique méridionale et la manière dont il fallait agir pour le succès de notre politique et de notre commerce.

L'année suivante en janvier 1820, je décidai de quitter la Jamaïque mais certainement pas contraint comme on a pu le dire à mon sujet. Pour solder des dettes plus récentes, j'avais chargé un ami, Martin Villamil[86], d'être mon intermédiaire auprès des créanciers. Face à des accusations de banqueroute, au cours de laquelle j'aurais ruiné Villamil, je peux dire que tout cela n'était que calomnie. Je n'ai jamais comparu devant un tribunal et malgré l'adversité à laquelle j'ai depuis quinze ans été en

---

84 Ange René Armand de Mackau (1788-1855) devint amiral et ministre de la Marine et des Colonies dans le gouvernement Soult de 1843 à 1847.

85 Lettre du gouverneur François-Xavier Donzelot à Benoît Chassériau, 16 avril 1819

86 Martín Villamil (1783-1843) fut l'un des fondateurs du consulat de commerce de Carthagène vers 1812. Il s'installa ensuite à la Jamaïque, où il possédait des plantations de canne à sucre. Son cousin était Renato Beluche, le capitaine corsaire avec lequel Chassériau avait attaqué Portobelo.

butte, je n'ai jamais été l'objet d'aucune réclamation qui ait pu me donner de l'inquiétude.

Je laissais Kingston derrière moi le cœur serré. Ma seule consolation était ce retour à Saint-Domingue qui, après dix ans d'absence, faisait la joie des miens.

- IX -

Caracas, Venezuela
(1821-1822)

***

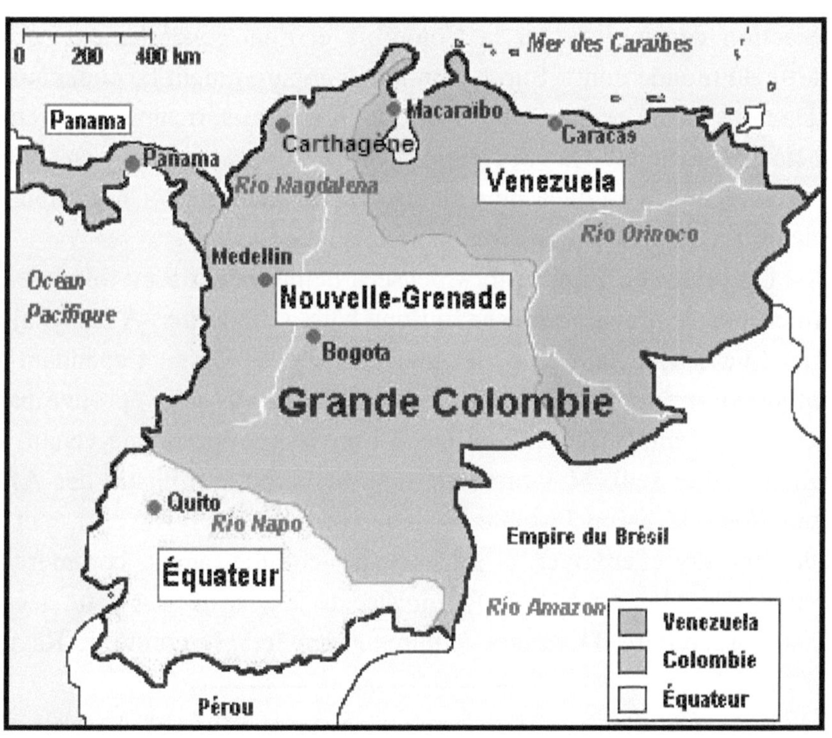

Première mission pour la France (1821-1822)

Après un an à Saint-Domingue où toute la famille était à nouveau réunie, je décidai notre retour en France à la fois avec l'espérance de trouver un emploi stable et pour l'éducation de mes enfants. Donzelot avait autorisé à ce que nous fassions la traversée à bord de la frégate la *Cléopâtre* commandée par le capitaine Mallet[87]. En février 1821, je retrouvai Paris où j'étais considéré comme l'un des rares connaisseurs de l'Amérique espagnole. La *Revue Encyclopédique* me confia la rédaction des notices sur la Colombie et plus généralement sur cette partie du monde dont l'Europe manquait apparemment de connaissances[88]. Dans le même registre et par quelle ironie du sort, une des premières sociétés savantes, la *Société royale des antiquaires du Nord* à Copenhague, m'invita à devenir un de ses membres. Un comble pour quelqu'un qui avait si peu fréquenté le collège !

De retour en France, mes pensées demeuraient toutefois là-bas, en Amérique. Je n'avais à présent qu'une hâte, y retourner. A cela s'ajoutait que Marie-Madeleine ne se plaisait pas à Paris. Cependant mon entourage me rappela avec justesse que je l'avais déjà éprouvé par nos déménagements successifs et que si l'envie de repartir me venait, il me fallait y aller seul. Mes premiers rapports avec le ministre des Affaires étrangères, le baron Pasquier[89], débutèrent en mars 1821. Il était alors question de m'envoyer à La Havane comme agent commercial et maritime sur la proposition du ministre de la Marine[90]. A cette occasion, le sous-secrétaire d'État aux Affaires étrangères, le comte de Rayneval,

---

[87] Louis Stanislas Mallet (1770-1833) mousse puis novice de 1781 à 1787, il termine sa carrière avec le grade de contre-amiral. Il fut notamment le chef d'état-major de l'armée navale de l'expédition d'Alger sous les ordres de l'amiral Duperré.

[88] Lettre de Marc-Antoine Jullien, fondateur-directeur de la *Revue Encyclopédique* à Benoît Chassériau le 12 juillet 1824. Cette revue, lue par plus de 60.000 lecteurs à travers le monde, publiait déjà les articles de Louise Swanton-Belloc, une cousine de Benoît Chassériau.

[89] Étienne-Denis Pasquier, ministre des Affaires étrangères (novembre 1819 à décembre 1821)

[90] Pierre-Barthélémy Portal, ministre de la Marine et des Colonies (décembre 1818 à déc. 1821)

me demanda un travail qui manifestement fut des plus appréciés. Mais sans doute pas assez car au final les relations avec Cuba furent confiées au nouveau consul de France en Floride... Quelle naïveté de ma part. J'avais alors le sentiment amer que l'on m'avait fait miroiter cette place à La Havane dans le seul but de me soutirer de précieuses informations que seule une longue expérience en Amérique avait permis d'acquérir.

Quelque temps après, on m'annonça finalement que c'est en Colombie que je serais le plus utile. Dans ce contexte, je fus amené à expliquer comment je pensais agir tout en ménageant nos relations avec l'Espagne. Je m'y attachai aussitôt et proposai des mesures pour contrer l'influence des autres puissances européennes en Colombie. L'empressement de plusieurs pays d'Europe accourant à Caracas pour s'emparer de son commerce, ne me surprenait aucunement. Mais je regrettai surtout que la France n'ait une même démarche car les nouveaux gouvernants colombiens - j'en avais reçu directement l'assurance - désiraient maintenir, voire étendre nos relations commerciales. Il n'était pas difficile de deviner les motifs qui empêchaient notre gouvernement, davantage porté vers les régimes monarchiques, d'approuver les changements politiques en Colombie. L'Angleterre ne s'embarrassait guère de tels scrupules. Il me semblait dès lors que nous pouvions nous aussi profiter de ces nouveaux marchés qui s'offraient à notre commerce. Jamais il ne s'était présenté d'occasion plus favorable.

Plus de deux mois s'écoulèrent et bien que Rayneval m'annonçait que je pouvais me considérer comme appartenant au département des Affaires étrangères, rien n'avait été statué. Ce n'est qu'en août 1821 que la mission en Colombie me fut confirmée. Rayneval comptait sur ma prudence car le moment n'était pas encore venu de reconnaître l'indépendance de ce pays. M'envoyer en qualité d'agent commercial risquait selon lui de porter atteinte à la neutralité de la France. Aussi le ministère se borna à me renvoyer en Amérique sans titre officiel, ce que je déplorai ouvertement. Sans instructions officielles, je devenais un agent secret, chargé de recueillir des informations sur le véritable état des affaires colombiennes et leurs dispositions vis à vis de la France. Je devais aussi profiter de ce voyage pour faciliter les relations commerciales que plusieurs maisons de négoce françaises voulaient établir en Colombie.

Le 14 octobre 1821, j'embarquai pour la Martinique où je me concerterais avec le gouverneur Donzelot et l'amiral Jacob qui commandait la Station. Il était important que ces deux autorités ne contrarient pas sans le vouloir mes projets. Je les trouvai l'un et l'autre parfaitement disposés à favoriser un voyage dont ils sentaient toute l'utilité. Comme les pirates infestaient les côtes, ils m'invitèrent à profiter du départ pour la Terre-ferme de la goélette de guerre, la *Béarnaise*. Grâce à ce transport, je pus visiter sans courir de danger les ports de Cumaná, Barcelone et la Guaira d'où je me rendis à Caracas.

Sur ce parcours, je n'avais observé qu'un seul bâtiment français, tandis que les pavillons anglais, hollandais et américains flottaient dans toutes les rades. Ce constat bien fâcheux allait donner peu de poids à mon discours, lorsque je tacherais de démontrer combien la Colombie pourrait tirer de profit d'un plus grand commerce avec la France. Le seul bâtiment français rencontré, était un brick de Bayonne venu avec d'importantes marchandises à son bord. Afin d'effectuer son retour en métropole sans risquer d'être inquiété par des corsaires ennemis, le comble fut qu'il réclama le convoi d'un brick de guerre hollandais en provenance de Curaçao... Aucun navire de la Royale ne se trouvait dans les parages. Cette situation allait se répéter avec un autre navire de commerce français, la *Bonne Gabrielle*, expédiée par la même maison de commerce de Bayonne avec une cargaison plus conséquente encore. Mais cette fois-ci, Donzelot accepta de lui envoyer une escorte.

Une fois rendu à Caracas, mon premier soin fut de me rapprocher des quelques amis restés sur place, dont la plupart faisaient partie du nouveau gouvernement. Grâce à eux, je réussis à obtenir des documents fiables sur l'état actuel du pays. Tout le monde à Caracas, n'était occupé que par la nouvelle constitution de Grande-Colombie que venait de publier le congrès général. A la demande du gouverneur, je me procurai quelques rares exemplaires de cette première constitution que Bolívar avait faite imprimer depuis Cúcuta grâce à la presse portable de son armée. Malgré cette préoccupation bien naturelle, je notais que ce peuple avait conservé le même attachement pour les France et le même goût pour nos produits. Les États-Unis qui venaient de reconnaître l'indépendance de la Colombie peinait à nous supplanter dans cette affection. Je m'efforçais de ranimer les bonnes dispositions dans lesquelles j'avais trouvé mes amis et leur assurais que l'indifférence de la France pour leur pays n'était qu'apparente et que, bientôt, ils verraient nos vaisseaux de guerre et navires de commerce couvrir leurs plages.

Jusque-là, j'avais rempli ma mission avec quelques satisfactions, et ne fus arrêté que par des obstacles auxquels je m'attendais, ceux de nos concurrents. Les Anglais par tous les moyens cherchaient à jeter le discrédit sur nos intentions. C'est alors que l'horizon s'obscurcit pour moi. J'avais annoncé que des bâtiments de guerre français ne tarderaient pas à se présenter sur les côtes pour protéger le commerce. Mais aucun navire n'apparut. En revanche, des bruits coururent au sujet d'une tentative de la France pour s'emparer de Saint-Domingue[91]. Avant que les vrais motifs de cette expédition ne fussent connus, ma position devint délicate et pour le moins inconfortable. C'est avec beaucoup de peine que je parvins à détruire l'impression catastrophique que cette nouvelle avait produit à Caracas.

Au même moment, j'appris l'arrivée prochaine de l'agent des États-Unis. Sans titre reconnu, ni moyen financier suffisant, je n'étais guère armé pour contrer l'influence toute naturelle que cet agent allait rapidement exercer dans le pays. Faute d'instructions claires sur la conduite que j'avais à tenir, je me décidai à quitter Caracas en mai 1822 pour rejoindre la Martinique. L'intendant, le chef de l'amirauté et le ministre de la justice regrettaient de me voir partir car ils me savaient être le seul homme à Caracas pouvant favoriser les communications

[91] Partie restée espagnole de l'île de Saint-Domingue

avec la France. Sauf méprise de ma part, tous les trois semblèrent espérer mon prochain retour avec une accréditation officielle.

Le chemin pour la Martinique se fit avec un crochet par la petite île de Saba. Ce fut réellement un moment de grâce car Saba est peut-être l'un des points les plus curieux du globe. Cette île qui fait partie de l'archipel des Antilles offre l'aspect d'une montagne que les volcans auraient arrachée au continent pour la jeter au milieu de l'océan. Mais l'histoire de Saba est encore plus singulière que son aspect. Saba est habitée par une trentaine de familles originaires de divers pays et plus particulièrement de la Suède. Elle n'est, dit-on, gouvernée que par les lois qu'un dieu a mis dans le cœur de ses habitants : le père gouverne sa famille patriarcalement et cette famille trouve en lui un juge qui récompense plutôt qu'il n'a besoin de punir. L'agriculture est toute l'occupation de ce petit peuple qui se suffit à lui-même et vit heureux, exempt des fléaux qui ravagent les grandes sociétés. Si les habitants de Saba sont soumis comme le reste des Antilles aux lois souvent cruelles de la nature, ils ont pour se consoler des femmes belles comme la vertu ! Pour attester que ce que je dis de cette île n'est pas une fable, il suffit de regarder quelle fut l'attitude des Anglais si enclins à vouloir installer leur domination coloniale partout. Sans doute touchés du bonheur qui régnait sur l'île, ils se sont bornés à arborer le drapeau britannique puis se sont retirés…

Pendant ce séjour de quelques mois seulement en Colombie, j'avais fait tout ce qui était en mon pouvoir et Donzelot me parut aussi convaincu de cela lorsque je lui fis mon rapport. Pour procurer à la France une présence commerciale forte dans l'Amérique méridionale et, spécialement, en Colombie, il fallait à présent que le gouvernement français prenne des mesures d'ordre politique très fortes. C'était là le principal motif de mon retour à Paris. Le ministre de la justice de Colombie, José María Salazar[92], profita de mon rappel à Paris pour me

---

[92] Lettre de José Maria Salazar, ministre de la justice de Colombie à Benoît Chassériau, 20 février 1822 (Caracas) – cf. annexes

charger de transmettre un message pour notre gouvernement. Le message de cet homme de paix était simple. La seule guerre acceptable entre nos différentes nations est celle opposant nos industries et nos commerces respectifs.

L'existence de la Colombie, comme puissance indépendante, était désormais assurée. Ce pays n'éprouvait qu'une contrariété, mais non des moindres, celle de voir qu'à l'exception des États-Unis, aucune puissance ne s'était pressée de reconnaître son gouvernement. Certes, la France ne serait pas parmi les premières nations à suivre l'exemple des États-Unis. Mais fallait-il attendre davantage au risque de perdre pour longtemps tous les avantages et débouchés que lui offre la Colombie ? Tant que l'on ne reconnaîtrait pas comme puissance le gouvernement colombien, il ne serait pas possible d'y envoyer un agent accrédité. Voici comment je proposai au ministre des Affaires étrangères d'y remédier.

On pourrait, par exemple, se limiter à envoyer en Colombie quelques Français qui, sous prétexte de former des établissements commerciaux, veilleraient en réalité aux intérêts de nos compatriotes. Il était important que ces agents demeurent secrets, c'est-à-dire que l'on ne puisse pas remonter jusqu'à une officine ou administration quelconque de la France. Ces agents correspondraient avec leurs agents de liaison qui seuls adresseraient des rapports directement au ministre. Ils seraient au nombre de quatre. Le premier serait l'agent central et résiderait à Bogotá, où siège le gouvernement. Les trois autres agents seraient infiltrés dans chacun des Etats composant la république de Colombie, à la Guaira pour le Venezuela, à Carthagène pour la Nouvelle-Grenade et à Quito pour l'ancienne vice-royauté. Avec un peu d'adresse, de tels agents ne tarderaient pas à gagner la confiance des autorités et exercer une influence pouvant rapidement contrer les Américains et les Anglais.

Pour nos futurs établissements, nous avions principalement à redouter la rivalité des Anglais. Pour les combattre, je proposai au ministre d'aller plus loin encore. Nous pourrions par exemple grâce à nos agents, former une colonie de Français dans le centre de la

Colombie. Tous les efforts des Britanniques viendraient alors se heurter contre les intérêts communs qui unissent la Colombie à la France.

Je retrouve la trace du bâtiment corsaire le *Bolívar*

Le hasard fit qu'en avril 1822, j'entendis à nouveau parler du corsaire le *Bolívar*, un bâtiment que j'avais employé en 1814 lors de l'expédition contre Portobelo. Le gouverneur Donzelot m'avait chargé de réitérer auprès de l'amirauté de Caracas la demande de réparation pour l'insulte au pavillon français faite par le *Bolívar*.

L'histoire remonte au 9 décembre 1820. Le *Bolívar* commandé par le capitaine Wilson, était sorti de Gustavia[93] pour attaquer et s'emparer du brick de guerre français le *Railleur*. Son intention était de venger la récente capture d'un corsaire du Venezuela[94], accusé de faire de la piraterie. Lorsqu'il fut à bonne portée, Wilson fit tirer à boulets sur le *Railleur*. Le tir toucha la chambre du capitaine et faillit tuer une passagère. Il manœuvra ensuite pour revenir à l'abordage mais le *Railleur* lui tira des bordées qui calmèrent bien vite ses élans. Le *Bolívar* fut rasé et plus de trente hommes furent tués ou blessés. Le reste de l'équipage ne dut son salut qu'à l'obscurité qui lui permit de se cacher sous l'île de Saint-Barthélemy.

Le *Bolívar*, corsaire sous pavillon vénézuélien, avait tiré sur le *Railleur* sachant très bien qu'il était un bâtiment du roi de France. Il abusait ainsi de sa lettre de marque et avait compromis son pavillon. Légitimement, la France demandait au Venezuela de désavouer son corsaire et de le déclarer pirate. Dans le cas du Venezuela, ces abus de pavillon devenaient trop fréquents et s'expliquaient par le fait qu'il n'y avait pas ou peu de Vénézuéliens parmi l'équipage des corsaires. Les lois françaises étaient beaucoup plus strictes car elles exigeaient que les deux tiers de l'équipage corsaire soient français…

---

[93] Principal bourg de l'île de Saint-Barthélemy

[94] Le bâtiment corsaire le *San Francisco*

J'ai la garde du cousin de Bolívar à Paris (1822)

Au cours de cette mission, je n'avais rien négligé de ce qui pouvait établir des relations bienveillantes entre la France et la Colombie. J'avais notamment engagé les familles les plus importantes du pays à envoyer leurs enfants parfaire leur éducation en France, plutôt qu'en Angleterre et aux États-Unis. Après leur avoir présenté les avantages qu'elles pourraient en retirer, j'obtins que six enfants me soient confiés et parmi eux l'unique cousin de Bolívar, Félix Ribas y Palacios[95]. Je fis la promesse à sa mère, la tante de Simón Bolívar, de veiller personnellement sur son fils[96]. Avant notre retour en France, j'avais profité d'une halte en Martinique pour présenter le jeune Ribas au gouverneur Donzelot qui l'accueillit avec sa bonté ordinaire et me remit pour le ministre de la Marine, un paquet qui concernait les résultats de ma mission ainsi que des lettres pour les généraux Belliard et Damas[97].

Félix Ribas

Il n'y avait pas de bâtiment de guerre en partance pour la France, aussi nous embarquâmes sur un navire marchand. Faute de protection armée et dans le cas d'une mauvaise rencontre, Donzelot m'avait demandé de jeter sa missive par-dessus bord. Ce qui n'arriva heureusement pas et une fois arrivé au Havre, j'envoyai ce paquet au

[95] José Félix Ribas Palacios (1811-1875) était le fils unique du général José Félix Ribas, héros de l'Indépendance. Il grandit à Caracas aux côtés de sa mère qu'il quitta en 1822, à l'âge de onze ans, pour parfaire son éducation en France. Il ne revint au Venezuela qu'en 1829. Après une carrière militaire, il se fit cultivateur et n'eut jamais de responsabilité au Venezuela.

[96] Lettre de Francisco Ribas Galindo (secrétaire de Bolívar) à Benoît Chassériau, 10 août 1822

[97] Augustin-Daniel Belliard, major général et pair de France. Il connaissait bien les Espagnols pour avoir été le chef d'Etat-major du prince Murat pendant la campagne d'Espagne en 1808 et trois ans gouverneur de Madrid et de la Nouvelle Castille.

François-Étienne de Damas, lieutenant général et inspecteur général d'infanterie.

ministre sans attendre ma sortie de quarantaine. De retour à Paris, je m'empressai de rendre compte de ma mission au ministre des Affaires étrangères, le duc de Montmorency. La partie touchant au cousin de Bolívar l'intéressa tout particulièrement. Clermont-Tonnerre, son collègue ministre à la Marine, me demanda à son tour à rencontrer le jeune Ribas et me promit de s'occuper des dépenses liées à son éducation. Ce ministre le revit plusieurs fois, toujours le matin afin d'en assurer la discrétion.

Avec l'arrivée de cet hôte de la France dans ma famille, je me trouvai non plus en charge de veiller sur cinq mais six enfants... Les autres jeunes de Caracas, arrivés en France peu de temps avant nous, avaient été placés dans la maison d'éducation Lemoine à Paris. Aussi y fis-je admettre mon protégé, pensant qu'il lui serait agréable de se retrouver avec ses camarades dont la plupart étaient des parents. Quand l'année suivante, je repartis à nouveau en Colombie, je laissai la garde de Félix à ma famille et je dois dire que je me détachai de lui avec beaucoup de peine car c'était un bon jeune homme. Cette séparation ne fut pas définitive, loin s'en faut, car il demeura encore six années à Paris. Mon fils Frédéric veilla sur lui avec une attention toute paternelle[98]
.

A son retour à Caracas, Félix put réintégrer l'armée du Venezuela avec le grade de capitaine d'infanterie mais la carrière des armes n'était pas sa vocation première, même s'il resta dans les annales militaires comme le plus jeune capitaine de tous les temps. Son cousin Bolívar l'avait fait capitaine alors qu'il n'avait que trois ans ! Après l'armée, il se consacra à la culture de la canne à sucre sur les terres héritées de sa mère.

[98] Chassériau écrivait à son père en octobre 1827, que Félix Ribas désirait retourner dans son pays mais qu'il fallait avant tout régler les dettes contractées pour son éducation.

La Loge *San Juan de Cartago* et le Grand Orient (1822)

Dans la nouvelle société colombienne, il n'existait pas de loge maçonnique régulièrement constituée. En 1823, plusieurs responsables du port de la Guayre décidèrent de fonder la loge de *San Juan de Cartago* et le Chapitre régulier de rite écossais la *Filantropià*. Le vénérable maître était une connaissance, le colonel Francisco Avendaño[99] , futur ministre de la Guerre du Venezuela, mais qui pour l'heure commandait la place d'armes de la Guayre. Il me savait initié et me chargea de représenter la loge *San Juan* auprès du Grand Orient de France, afin d'établir un accord d'amitié et de reconnaissance mutuelle.

Cette loge regroupait trente-deux maçons dont un bon nombre appartenait déjà à des loges étrangères. La plupart était des négociants de la région mais on y trouvait aussi des négociants Américains, un Ecossais et même un Français de Chambéry. Un des frères, Santos Michilena qui était négociant à Maracay, deviendra président du Venezuela !

---

[99] Francisco Avendaño, promu lieutenant-colonel par Bolívar en septembre 1814, devint général de brigade en 1861. Après avoir été commandant de la place d'armes de la Guayre (1823-1825), puis de Puerto Cabello (1825), il fut successivement gouverneur de la province de Cumaná en 1838 et de Guayana en 1843. De 1845 à 1847, il est ministre de la Guerre du Venezuela.

- X -

Grande-Colombie : en mission pour Chateaubriand (2ème mission en 1823-1824)

***

Envoyé par Chateaubriand (1823-1824)

En 1822, le gouvernement français avait envoyé en 1822, plusieurs agents sur le continent américain. Le colonel Schmaltz et Achille de la Motte partirent pour le Mexique, Gaspard-Théodore Mollien pour la Colombie et le comte de Landos accompagné de Rattier de Sauvignan sur la côte pacifique du Chili et du Pérou. Les résultats de ces missions ne furent toutefois pas à la hauteur des attentes du ministère des Affaires étrangères. Schmaltz et La Motte avaient été emprisonnés, Mollien éveilla trop de soupçons et fut contraint de rentrer en France, enfin Landos périt non loin de Guayaquil. Seul Rattier de Sauvignan remplit fidèlement sa mission et put établir une correspondance régulière depuis Lima. Nos agents s'étaient retrouvés face à des Indépendants de plus en plus soupçonneux à l'égard des intentions réelles de la France. Il est certain qu'ils avaient pâti des relations qu'entretenaient la France et l'Espagne, et surtout du rétablissement de Ferdinand VII sur le trône d'Espagne grâce à nos armées[100].

Le ministère ne semblait toutefois pas découragé par ces échecs, car, fin 1823, il décida l'envoi de deux nouveaux agents, l'un au Mexique, l'autre en Colombie. C'est ainsi qu'en octobre, je fus appelé

---

[100] Au début de 1823, Louis XVIII avait annoncé son soutien au roi d'Espagne, Ferdinand VII, qui se considérait comme prisonnier du gouvernement des Cortès. Un traité secret permit à la France d'envahir l'Espagne pour y rétablir le roi. Son trône retrouvé, Ferdinand VII s'engagea à respecter les droits de tous les Espagnols en échange de la reddition des libéraux espagnols. Mais cette promesse ne dura guère puisqu'en octobre 1823, se sentant appuyé par les troupes françaises, Ferdinand VII déclara "nuls et sans valeur" les actes et mesures du gouvernement.

au ministère des Affaires étrangères pour y rencontrer le duc de Rauzan, alors chargé des affaires politiques. Il me notifia l'ordre de partir incessamment pour la Colombie. Mes précédents voyages dans ce pays en 1821 et 1822 ainsi que mes relations sur place, avaient semble-t-il déterminé le choix du ministre, notre grand écrivain François-René de Chateaubriand[101] avec lequel j'avais eu l'occasion de m'entretenir chez lui, rue de l'Université.

Un des principaux objets de ma mission consistait à rassurer le gouvernement colombien sur les craintes qu'il pouvait avoir sur les intentions de la France. Je devais faire entendre que le rétablissement de Ferdinand VII en Espagne n'avait été entrepris que dans le but d'arrêter des révolutions contagieuses qui avaient produit ailleurs en Europe de funestes résultats. Il me fallait convaincre que la France n'avait aucun projet hostile contre les nouveaux Etats avec lesquels elle désirait, au contraire, favoriser de nouvelles relations commerciales et politiques.

Mon départ pour la Colombie fut retardé et fixé pour la fin du mois de décembre 1823. La lettre de mission signée par Chateaubriand détaillait sur quatre pages mes instructions. Il me demandait d'empêcher par tous les moyens, que les agents anglais ou américains n'obtiennent des avantages commerciaux à notre détriment. Chateaubriand souhaitait faire taire les bruits malveillants que répandaient Anglais et Américains sur nos vues en Amérique car pour cela, ils étaient très actifs et efficaces. Il me chargea de démentir ces rumeurs et d'assurer les Colombiens que ces bruits n'étaient répandus que par intérêt mercantile. Je fis observer au ministre que dans l'intérêt de cette mission, et pour inspirer plus de confiance, il me fallait porter un titre officiel comme celui dont bénéficiaient les agents étrangers déjà sur place. Ce point était essentiel et contribuerait fortement au succès de ma mission auprès des Colombiens, qui recherchaient la reconnaissance officielle des autres nations. Chateaubriand en était convaincu et réfléchit à la question de

[101] Chateaubriand était ministre des Affaires étrangères dans le gouvernement Villèle (28 décembre 1822 - 6 juin 1824).

m'envoyer comme agent commercial et maritime auprès du gouvernement de Colombie. Après réflexion, le ministère ne jugea finalement pas possible de me donner ce titre. On veilla toutefois à me ménager en m'assurant que le titre d'agent me serait donné ultérieurement.

Agent de la France (sans titre officiel)

Je pris congé de Chateaubriand le 28 décembre et partis le surlendemain pour Brest. Bien que cette mission revêtait un caractère sensible, on m'autorisa à prendre comme secrétaire mon fils Frédéric, qui à 17 ans possédait une plume alerte et souhaitait découvrir le monde. Cette perspective m'enchanta. Nous embarquâmes le 14 janvier 1824 sur la frégate *La Jeanne d'Arc* en partance pour la Martinique, où il me fallait m'entretenir avec le gouverneur Donzelot sur la manière d'aborder la Colombie. La *Jeanne d'Arc* marchait admirablement et cinq jours après notre départ, nous approchions déjà des Açores. Après le vent et le froid de notre départ, douze jours suffirent pour nous mettre sous les feux des tropiques. La frégate filait à vive allure lorsque le 4 février au soir, la vigie cria « terre ! ». Après vingt et un jours de navigation, nous pûmes jeter l'ancre dans la baie du Fort-Royal. Je remis aussitôt au gouverneur, la lettre d'introduction que m'avait remise Chateaubriand. Cette lettre annonçait également l'envoi d'un autre émissaire, le lieutenant de vaisseau Samuel dont la mission au Mexique était semblable à la mienne.

Le bruit courait sur l'île que les Colombiens avaient mis en état d'arrestation Gaspard Mollien qui était suspecté d'espionnage. Le général Donzelot jugea, que dans les circonstances, je ne pouvais garder avec moi, sans me compromettre et nuire aux intérêts français, les documents relatifs à la mission que Chateaubriand m'avait confiés. Il m'engagea à les lui remettre en échange d'autres papiers moins sensibles car uniquement signés de son nom. Je lui exposai que cette nouvelle disposition diminuerait de beaucoup l'importance de ma mission aux yeux des Colombiens. Sans l'accréditation du ministre, je n'agirais plus qu'au nom d'un gouverneur d'une de nos colonies. Donzelot sentit la justesse de ces observations, mais vu l'état dans lequel se trouvait alors la Colombie, il fallait agir ainsi. Renoncer à cette mission lui répugnait autant qu'à moi car Donzelot était un homme d'action que le risque ne faisait pas reculer. Général pendant le désastre de Waterloo, il conservait l'âme d'un chef. Nous prîmes le parti d'informer le département des Affaires étrangères de ma nouvelle position. Sur son ordre, je fis mes préparatifs en vue de partir visiter les principaux ports de la Terre-ferme et rencontrer les intendants de ces provinces.

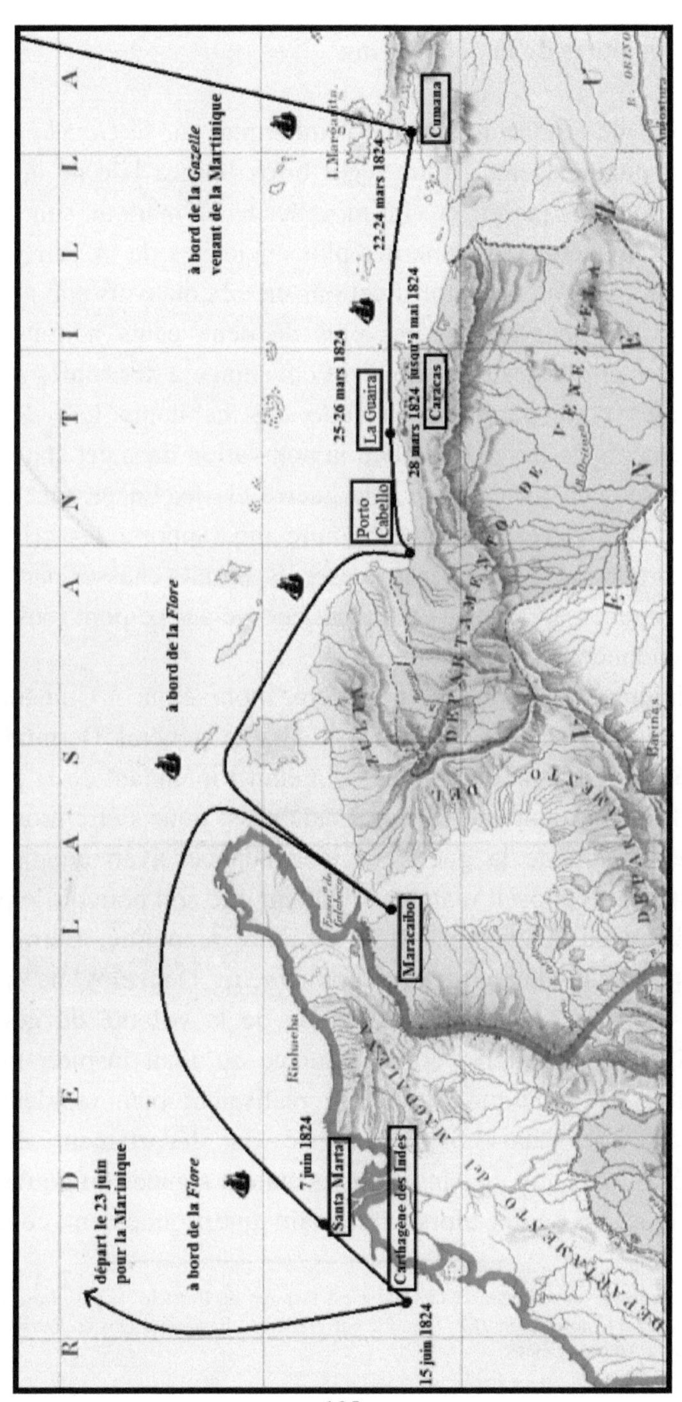

R D E L A S A N T I L L A
départ le 23 juin
pour la Marinique
à bord de la *Flore*
15 juin 1824
Carthagène des Indes
Santa Marta
7 juin 1824
Riohacha
Maracaibo
à bord de la *Flore*
Porto
Cabello
25-26 mars 1824
La Guaira
28 mars 1824 jusqu'à mai 1824
Caracas
à bord de la *Gazelle*
venant de la Martinique
22-24 mars 1824
I. Margarita
Cumana
Barinas
Angostura

Visite des ports de la côte Ferme

Pour me rendre à Cumaná, j'embarquai sur la *Gazelle* commandée par le capitaine Denis. Notre léger brick longea l'île de la Marguerite, célèbre pour ses perles, et vint mouiller le 22 mars au soir dans la rade de Cumaná. Cette ville, une des plus anciennes de la Terre-ferme, était d'un aspect lugubre. Ses fortifications en très mauvais état abritaient une garnison qui ne comptait pas plus de deux cents hommes. Ses rues excessivement larges ressemblaient davantage à des routes spécialement construites pour permettre la fuite des habitants lors des fréquents tremblements de terre. Je trouvai la population dans cet état de marasme et d'épuisement qui succède à la guerre civile. En passant un pont qui enjambe la rivière, un jeune homme me rapporta les crimes qui s'y étaient produits il y a peu encore. Les Espagnols chassés par les Patriotes étaient revenus à Cumaná et avaient égorgé sur ce pont tous les amis de l'indépendance qui n'avaient pu fuir[102]...

Malgré cette ambiance mortifère, mon séjour à Cumaná fût égayé par la fête charmante que nous donna le général Bermúdez, un des principaux généraux colombiens qui était l'intendant de la province. Ce général, connu pour sa bravoure mais aussi pour s'être montré cruel au commencement de la guerre d'indépendance, avait depuis changé de conduite. Il s'opposait maintenant autant que son pouvoir le permettait à l'expulsion des Espagnols. Lors de notre rencontre, Bermúdez me fit remarquer que la lettre du gouverneur Donzelot ne portait que l'expression de ses sentiments et non de la volonté du gouvernement français. Mes premières craintes sur ce qu'allait inspirer ma présence sans titre diplomatique officiel se réalisaient bien rapidement. Je lui rétorquai que j'étais bien l'envoyé du département des Affaires étrangères mais que mes instructions étaient signées du gouverneur de la Martinique. Je sentis alors un certain questionnement concernant les

---

102 La description de Cumaná et la Guaira est inspirée de l'article "*Souvenirs d'un voyage à la Martinique et à Colombia en 1824*", publié par Frédéric Chassériau dans le *Journal de Calais*, qui appartenait à Antoine Leleux

véritables intentions de la France car le bruit courait que dix-neuf mille hommes étaient déjà arrivés à la Martinique et que quinze mille autres étaient attendus en vue d'une possible expédition sur la Terre-ferme. L'entretien terminé, je pris alors l'initiative de renvoyer à Donzelot les documents que j'avais encore en ma possession ainsi qu'une lettre de Chateaubriand. Je craignais trop qu'en cas de saisie de ces papiers, cela ne donne lieu à quelques interprétations défavorables. L'attitude du général Bermúdez à notre égard resta toutefois très bienveillante, comme en témoigne le bal donné en notre honneur qui se prolongea jusqu'à minuit. Les officiers de la *Gazelle*, tous jeunes et aimables, soutinrent dignement le vieux renom de la galanterie française. Il nous fallut trinquer mille fois à la façon des Britanniques et au son d'une musique militaire. Nos convives revenaient patriotiquement sur une boisson dont le flacon était décoré du portrait et du nom du Libérateur. L'esprit de Bolívar présidait à tous les banquets. À chaque service, on se levait de table pour faire un tour de jardin et l'on changeait de place avec sa voisine de droite. Je fus touché, comme convive et comme ami de la simplicité républicaine, en voyant le général Bermúdez occupé à rectifier la symétrie du couvert.

Le lendemain nous quittions Cumaná pour la Guaira qui est toute proche. La traversée fut courte et sans intérêt jusqu'au port de la Guaira, à mes yeux le plus mauvais de la côte. Cette rade est tellement découverte que la mer y est toujours houleuse, ce qui rend périlleux le chargement des navires. Malgré ces inconvénients, ce port reste le plus fréquenté de la côte car il se trouve à seulement quatre lieues de Caracas, la capitale du Venezuela. Je pus observer que les Américains y étaient presque les seuls à commercer. Hormis eux, il y avait dans la rade quelques bâtiments anglais et seulement un seul navire français. Étroitement enclavée par de hautes montagnes, la Guaira peut dans un premier temps séduire mais elle est en réalité petite et mal bâtie. Sa proximité de Caracas fait toute son importance. Je séjournai deux jours à la Guaira puis me dirigeai vers Caracas à dos de mules, le moyen le plus sûr pour emprunter la route escarpée qui y menait. À quatre heures du matin, le 26 mars, nous sortîmes de la Guaira et après avoir longé la plage, gravi la petite chaîne de montagnes et fait une halte, nous entrâmes à Caracas la nuit tombée. Ce qui ne nous empêcha pas d'être escortés, jusqu'à notre *posada*, par des curieux et une troupe de chiens ameutés par le trot des mules. Harassé de fatigue, je me jetai sur mon lit croyant m'enfoncer dans un bon duvet. Mes os se brisèrent contre un cuir de bœuf dur comme du bois qui, en Colombie, sert de matelas dans la plupart des auberges.

La ville de Caracas perchée à presque neuf cents mètres d'altitude est, pour y avoir séjourné à plusieurs reprises, une des villes les plus agréables que je connaisse. Sa température est un printemps perpétuel et répand quelque chose de doux sur l'heureuse physionomie de ses habitants. Les rues tirées au cordeau sont belles et spacieuses. Les plus récentes contiennent des maisons d'une rare élégance. On dirait pour ainsi dire une ville d'Europe. Les églises sont nombreuses mais plus remarquables pour leur somptuosité que par la beauté de l'architecture. Caracas restait toutefois meurtrie par l'affreux tremblement de terre de 1812 qui avait englouti les deux tiers de la ville et fit périr plus de six mille personnes. Les environs de Caracas sont plus enchanteurs encore. Tout y est frais, parfumé et bien cultivé. Une même plantation pouvait donner des productions très variées. Un cacaoyer pouvait balancer sa noix violette sur les carrés de café voisins. À côté d'un champ d'indigo, ondulaient les gerbes dorées d'une pièce de canne à sucre. Les pêches et les pommes grossissaient à l'ombre de fruits tropicaux... Cela ressemblait à la terre promise.

Le jour de mon arrivée à Caracas, je m'étais empressé de rencontrer le général del Toro, l'intendant du Venezuela et un proche de Bolívar. Son accueil fut des plus attentionnés et il sembla apprendre avec plaisir ce que je lui annonçai concernant les intentions pacifiques de la France à l'égard de son pays. Au cours des deux mois passés à Caracas, je n'eus qu'à me louer de ses prévenances et de ses égards. Je remarquai cependant que le marquis del Toro commençait à éprouver un certain dégoût à exercer ses fonctions. Comme il appartenait à une famille aristocratique, on le suspectait d'être enclin à adopter les vues de l'Europe. Ces contrariétés le poussèrent plus d'une fois à présenter sa démission mais c'est pendant mon séjour qu'elle fut enfin acceptée. J'appris cette nouvelle depuis La Guaira, et j'ai quelques raisons de penser que mes rapports avec lui ont peut-être contribué à déterminer le gouvernement à lui accorder sa retraite. Il fut opportunément remplacé par le général Escalona, qui ayant éprouvé la persécution des Espagnols, leur portait une haine qui rejaillissait malheureusement sur tout ce qui était européen. J'avais quitté Caracas regrettant de n'avoir pu faire mes adieux au général del Toro. Dans sa dernière lettre[103] très amicale, il m'adressait ses vœux pour « un heureux voyage »...

De retour à la Guaira, j'avais embarqué sur le brick la *Flore*, où je retrouvais avec plaisir la compagnie du capitaine Mallet qui était chargé de m'accompagner dans les principaux ports jusqu'à Carthagène. Sur ce navire m'attendaient les dernières instructions du gouverneur Donzelot. Après Carthagène, j'avais à présent l'ordre de poursuivre mon voyage jusqu'à Santa-Fé de Bogotá, siège du gouvernement central de Colombie. En l'absence de Bolívar, il me fallait remettre des dépêches au général Santander, le vice-président de Colombie et à Pedro Gual, son ministre des Affaires étrangères. De manière confidentielle, insistait Donzelot, je devais non pas directement proposer la médiation de la France dans le conflit qui opposait la Colombie à l'Espagne mais amener le gouvernement colombien à nous solliciter, ce qui était bien différent.[104] Afin d'adoucir la prévention colombienne, Donzelot m'avait joint des lettres de créance et un ordre qui m'autorisait à prendre le titre d'agent commercial et maritime, ce pourquoi je me battais depuis tant de mois.

---

103 Lettre du général Francisco Rodriguez del Toro, intendant du Venezuela à Benoît Chassériau, 2 juin 1824 (Caracas) – cf. annexes

104 Courrier du gouverneur Donzelot le 25 mai 1824, ordonnant à Chassériau agent commercial et maritime français de se rendre à Carthagène d'où il se rendra à Santa-Fé de Bogotá pour remettre les dépêches au général Santander et à Pedro Gual - cf. annexes

Désigné comme espion de la France

Le port suivant fut Porto Cabello. C'était pour moi, le plus beau et le plus sûr de la côte Ferme, peut-être même du monde ! Et ce malgré l'insalubrité du climat, occasionnée par les marais situés à l'est de la ville. Entre Porto Cabello et Maracaibo, on ne trouvait en revanche rien qui puisse mériter le nom de port. Celui de Maracaibo était plutôt un bon port une fois franchie la barre de sable mouvant.

Le 7 juin, nous mouillâmes à Santa Marta. Si le commerce de Porto Cabello et Maracaibo était quasi nul et consistait seulement en un petit cabotage avec Curaçao et Saint-Thomas, celui de Santa Marta était plus important. Le port de Santa Marta était assez sûr et pouvait offrir de grands avantages à notre commerce en raison de sa proximité avec le fleuve la Magdalena, par lequel arrivait la plus grande partie des produits de la Nouvelle-Grenade et qui est aussi la seule voie pour acheminer les marchandises provenant de l'étranger. Le commerce actuel restait néanmoins très limité et se faisait presque uniquement avec la Jamaïque. L'accueil que nous réservèrent les habitants et les autorités de Santa Marta fut bien différent de celui de Caracas et Cumaná. L'opinion qu'ils avaient de la France et de nos intentions était des plus défavorables. Je ne rencontrai que méfiance auprès d'interlocuteurs qui me voyaient en espion, faute d'accréditation officielle. J'appris plus tard que le général Carlos Soublette, qui nous avait précédés de quelques jours à Santa Marta, n'était pas étranger à ce climat hostile.

En effet, cinq jours seulement après notre arrivée à Santa Marta, la *Gazette de Carthagène* avait publié un article appelant l'attention des autorités sur mon arrivée dans les différents ports de la région. A leurs yeux, mon voyage ressemblait davantage à une mission de renseignements visant à préparer une expédition militaire depuis la Martinique. Ce papier avait été rédigé dans des termes aussi exagérés qu'offensant pour la France. Je soupçonnais le général Soublette d'en être l'auteur mais agissait-il sur les ordres de son gouvernement ou de sa propre impulsion ?

Je quittai Santa Marta sur une impression qui me laissait augurer à Carthagène un accueil moins favorable encore. Carthagène, la place la plus forte de toute l'Amérique méridionale, n'était qu'à une quarantaine de lieues. Nous arrivâmes le 15 juin devant cette cité, si belle depuis la mer. Un officier de la *Flore* toucha terre pour annoncer notre arrivée au général Soublette[105], tout récemment nommé intendant de la province. Ce général, que je savais mal disposé à l'égard de l'Europe, posa comme première question si je venais comme consul et si je comptais bientôt débarquer. Le rapport que fit notre officier à son retour à bord me frappa. Je me rappelai alors qu'en quittant La Guaira, Soublette m'avait dit d'un ton que je m'expliquai pas, que nous nous reverrions à Carthagène...

Le lendemain de notre arrivée, accompagné des capitaines Mallet et Denis, je me rendis chez le général Soublette. Après avoir pris connaissance des courriers que nous étions chargés de lui remettre, il s'enquit rapidement sur les forces et les motifs de la présence dans le Pacifique de l'escadre du contre-amiral de Rosamel. Sur ce point et pour couper court à une discussion qui s'engageait bien mal, Mallet et moi lui répondîmes avec assurance et brièveté. Mais à cette présence suspecte à ses yeux, s'ajoutait le bruit qui courait dans la ville, que l'escadre du vice-amiral Duperré avait quitté Brest elle aussi pour l'Amérique. L'inquiétude que cette information avait engendrée, fut encore augmentée par l'apparition de notre frégate, perçue comme un signe avant-coureur d'une expédition contre la Colombie. J'étais maintenant persuadé que Soublette, loin de travailler à calmer ces bruits, faisait au contraire tout ce qui était en son pouvoir pour les entretenir, autant par goût que pour acquérir de la popularité.

Notre entretien terminé, mes compagnons retournèrent à bord de la *Flore* et je me trouvai seul dans la ville avec l'intention de visiter quelques connaissances. Parmi elles, seulement une plus hardie accepta

---

105 Le général Carlos Soublette (1789-1870) est un héros de l'Indépendance du Venezuela. Il fut ministre de la Guerre et de la Marine en 1825 et président de la République du Venezuela à deux reprises en 1837-1839 et 1843-1847.

de me rencontrer. Je ne devais attribuer la conduite des autres qu'à la crainte de se compromettre auprès du gouvernement et plus encore aux yeux de la population qui nous était hostile. Peu enclin à rester davantage en ville, je retournai à mon tour sur la *Flore*.

Je n'utilise pas mon titre d'agent auprès de la Colombie

Le surlendemain, n'en pouvant plus, je retournai voir le général Soublette pour avoir une explication sur une conduite qui me paraissait aussi impolitique qu'impolie. Soublette me reçut et d'emblée j'abordai la question avec franchise et fermeté. Je lui manifestai combien il nous avait semblé étonnant, alors que nous étions chargés d'apporter des paroles de paix, d'éprouver un accueil que même nos ennemis ne nous réservaient pas. Après m'avoir écouté sans m'interrompre, voilà à peu près ce que le général me répondit :

> *"Un peuple nouveau, tel que la Colombie, ne saurait être jugé comme on le ferait d'un peuple doté d'une organisation éprouvée. Encore faut-il aussi prendre en considération les circonstances dans lesquelles se trouve cet Etat dont l'existence n'est pas encore assez fixée et où alternent sentiments de craintes et d'espoir. Les hommes les plus éclairés d'entre nous, sont forcés d'agir dans l'esprit de l'opinion générale, et s'ils s'en écartent, leur influence s'en trouverait compromise. Nous aimons généralement les Français, mais depuis longtemps nous nous croyons autorisés à les considérer comme hostiles."*

Et il entra pour justifier ses propos dans une infinité de détails. La proclamation du duc d'Angoulême[106], annonçant que la France voulait rétablir le roi d'Espagne sur son trône et replacer sous sa domination les

[106] Fils de Charles X, Louis-Antoine d'Artois (1775-1844) conduit en 1823 l'expédition d'Espagne, qui restaura Ferdinand VII sur son trône.

colonies insurgées d'Amérique, n'était pas faite pour rassurer le gouvernement de Colombie. Que l'envoi d'agents secrets - à l'exemple de Schmaltz et La Motte arrêtés au Mexique - n'avait de véritables objets que de produire le désordre pour rétablir l'ancien régime ou quelque chose d'équivalent. Que les propos tenus en mai par le prince de Polignac, notre ambassadeur à Londres, ne pouvaient sembler favorables à la Colombie.

Polignac en effet y avait signalé les Patriotes colombiens comme à peine civilisés et appelait le concours des puissances européennes pour rétablir un gouvernement monarchique en Colombie. Je dois dire sur ce point que la déclaration de Polignac m'avait mis dans une position très inconfortable, voire, impossible à tenir. L'assurance du bon vouloir de la France en faveur de l'Indépendance, se voyait ainsi catégoriquement démentie et mon propos en parfaite contradiction avec ceux de Polignac, un diplomate français de haut rang. Les Anglais, bien convaincus de l'effet que produirait à leur avantage cette déclaration, avaient eu soin de la répandre partout en Colombie, en la publiant même en espagnol. Elle fut notamment reprise dans la *gazette de Caracas* du 5 mai 1824.

Soublette ajouta que ma visite de leurs ports, à bord d'un bâtiment de guerre, leur semblait suspecte. Tout ce que j'avais pu écrire ou dire n'avait, selon lui, d'autres motifs que de justifier l'exploration de leurs côtes à des fins militaires. J'étais considéré comme un espion. La meilleure des preuves que la France n'agissait pas franchement envers la Colombie était son choix de ne pas m'accréditer officiellement auprès de la Colombie. Cela sans doute pour se réserver la faculté de démentir mon action et mes propos. Sans accréditation de la France, je ne représentais que le gouverneur Donzelot, un lieutenant-général comme lui. Soublette termina notre entretien par me dire qu'ils avaient le désir et le besoin de la Paix, mais que la première des conditions devait être la reconnaissance de leur indépendance par la France.

Durant notre discussion, je pris soin de ne pas faire usage de mon titre d'agent commercial et maritime auprès de la Colombie que Donzelot m'avait accordé. Mon discours était devenu inaudible et je renonçai même à suivre mes instructions et à parler d'une médiation possible de la France dans le conflit qui les opposait à l'Espagne. Les circonstances étaient telles que j'étais convaincu que, non seulement l'offre de médiation serait rejetée, mais que le gouvernement de Colombie ferait une grande publicité de son refus. Le gouvernement français serait alors mis dans le plus parfait embarras car le roi d'Espagne non seulement refusait de reconnaître l'indépendance de ses colonies, mais n'admettait la médiation d'aucune autre puissance. Cette situation dépassait de loin le cadre de ma mission.

Je fus le premier agent de la France auprès de la Colombie mais personne ne le sut. Peu de temps après cet entretien, je fis la rencontre du colonel du génie José Maria Lanz qui avait longtemps résidé en France. Je m'en méfiai immédiatement car, pour gagner ma confiance, il commença par dire du mal de la Colombie. Cet homme était chargé par Soublette de me tester et cerner davantage mes intentions.

En danger, je fuis Carthagène (juin 1824)

Le 19 juin, le capitaine Mallet, qui sentait combien la situation devenait périlleuse, me recommanda de quitter Carthagène le plus promptement possible et de rester à bord de la *Flore* jusqu'à son départ pour la Martinique. Il n'était alors plus question d'aller à Santa-Fé de Bogotá pour y remettre les dépêches destinées à Santander et Gual. Dans de pareilles circonstances, poursuivre la mission semblait dorénavant contraire aux intérêts de la France et dangereuse pour moi.

On me raconta que plusieurs personnes bien placées à Carthagène avaient évoqué l'éventualité qu'il m'arrive malheur et que l'on me retrouve un jour trucidé dans la rue. La menace était sans doute fondée, aussi décidai-je de rejoindre la *Flore* d'où je rédigeai une lettre au général Soublette expliquant les raisons de mon départ. Mallet porta cette lettre au général en même temps qu'il lui annonça le départ prochain de son bâtiment. Soublette parut soulagé car il me savait en danger. La *Flore* leva l'ancre le 23 juin. Je profitai de la traversée jusqu'à

Fort-Royal pour écrire mon rapport au gouverneur Donzelot sur la situation de Carthagène et les raisons qui me firent renoncer à me rendre à Santa-Fé. Donzelot ne manquait pas de courage et soutint ma décision auprès du ministère qui choisit de me rappeler en France.

J'arrivai dans les premiers jours de septembre à Brest et appris durant ma quarantaine la chute de Chateaubriand, brutalement congédié et remplacé par le baron de Damas. Désormais, sans Chateaubriand pour justifier de ma mission auprès des Colombiens, ma situation était devenue embarrassante pour le ministère des Affaires étrangères qui m'avait classé parmi ses agents secrets ou du moins temporaires. Il ne faisait aucun doute que mon voyage avait suscité l'émoi des autorités colombiennes. Le plénipotentiaire colombien à Londres, Manuel José Hurtado au cours d'un entretien avec le comte de Villèle[107], avait ouvertement critiqué l'envoi d'émissaires en Colombie munis seulement des instructions du gouverneur de la Martinique et non du ministre des Affaires étrangères. De telles missions, selon lui, ne pouvaient produire de résultat puisque la France aurait toujours la possibilité d'alléguer que la parole de cet agent, en l'occurrence moi, n'a pas de validité officielle.

ESPIONS ÉTRANGERS

[...] Parlons clairement : la Grande-Bretagne et les Etats-Unis pour s'entretenir avec notre République n'utilisent point de tels rodéos, ni des messagers qui visitent toutes les places fortifiées de la République. ***M. Chassériau*** *sera aussi bon qu'il puisse l'être dans tous les rapports, mais sa façon de visiter la Colombie est très suspecte.*
Alertes compatriotes, alertes !

Correo de Bogotá [108] – 9 juillet 1824 (traduit de l'espagnol)

---

[107] Joseph de Villèle était président du Conseil des ministres de 1822 à 1828.

[108] Extrait du *Correo de Bogotá* – n°29 - 9 juillet 1824 – cf. annexes

Homme d'honneur

A mon retour à Paris, plusieurs journaux français et étrangers me poussaient à communiquer sur les raisons véritables de mon voyage. L'opposition en France et le gouvernement britannique en firent de même en m'incitant à publier un article qui me laverait de toutes les calomnies répandues sur moi. Notamment celles que le puissant club colombien de Paris s'appliquait à diffuser, des rumeurs selon lesquelles j'avais été expulsé du Venezuela comme agent des Anglais ou encore autour de ma banqueroute en Jamaïque qui serait en réalité une escroquerie commise à l'encontre d'un commerçant français. Toutes ces calomnies eurent pour effet que le ministère des Affaires étrangères demanda à notre consulat de Cuba de vérifier ces allégations. Je perdis la confiance du cabinet et restai quelque temps sans emploi à Paris, en proie à de nouvelles difficultés financières.

Malgré tout, je persistai à ne pas révéler les objectifs que Chateaubriand m'avait confiés. Révéler l'offre de médiation de la France à la Colombie risquait de compromettre le ministère qui m'avait expédié et de créer une crise diplomatique avec l'Espagne. Le 20 octobre 1824, je présentai au baron de Damas qui avait remplacé Chateaubriand, le compte rendu de mon voyage et une analyse très détaillée sur la situation de la Colombie[109]. Lors de cette entrevue, je lui donnai ma parole d'honneur que jamais un mot de moi ne démentirait ce que son ministère avancerait. J'étais venu dans son bureau, muni de la lettre de Chateaubriand qui fixait les termes de ma mission en Colombie. Le baron de Damas ne doutait de ma loyauté et me savait incapable d'abuser de cette lettre. Aussi jugea-t-il pouvoir la laisser entre mes mains, comme un témoignage de son prédécesseur.

---

[109] *Compte rendu d'un voyage fait à Colombie en 1824, pour remplir une mission dont j'ai été chargé par S.E. le vicomte de Chateaubriand, ministre des relations extérieures,* par Chassériau

Mais quelque temps après, ce ministre voulut revoir la fameuse lettre de Chateaubriand, à présent jugée comme très compromettante. En homme d'esprit et poli, il me rappela que tous les papiers remis par le ministère, devaient en définitive lui être rendu. Ce principe applicable à un diplomate officiellement reconnu et donc protégé par le ministère, ne pouvait l'être pour moi que l'on avait classé sans mon consentement parmi les agents secrets. La lettre de Chateaubriand qui reflétait alors la volonté du Conseil des ministres, pouvait à elle seule justifier mon dernier voyage en Colombie. Je cédai au vœu du ministre et la lui remis après en avoir fait quelques bonnes copies. Avec résignation, je supportais que le ministère me sacrifie puisque cela était utile à la politique mais j'espérais secrètement en être dédommagé. Les idées ne manquaient pas. Je proposai par exemple d'être envoyé avec un commandement au Levant, à Gorée ou dans quelques-uns de nos établissements de l'Inde. J'offris même d'aller en Espagne exposer ce qui me semblait être l'intérêt du roi Ferdinand dans ses anciennes colonies d'Amérique.

Il est des situations que même un homme d'honneur a des difficultés à accepter. En mon for intérieur, je souffrais car en définitive, le gouvernement espagnol avait considéré ma dernière mission en Colombie comme lui étant hostile. Les Colombiens ne l'avaient pas jugé favorable à leur cause. Les Anglais et Américains du Nord en prirent ombrage. Enfin à Paris, j'étais devenu pour tous un objet de méfiance. Le gouvernement français, qui devenait mon seul refuge, m'avait abandonné. J'avais servi plusieurs ministres mais le seul qui ne m'a jamais rien promis et donc pas déçu, fut le comte de Chabrol qui avait le portefeuille de la Marine.

Agent français sur l'île de Saint-Thomas (1826)

L'armée resta ma plus fidèle alliée car je dus ma réhabilitation en 1826 aux généraux Belliard et Damas que j'avais connus en Egypte et aux amiraux Duperré et Jacob. Je retournai vivre sur le continent américain, où à quarante-six ans, une carrière de diplomate s'ouvrait à moi. J'étais envoyé comme agent du gouvernement de la Martinique sur l'île de Saint-Thomas, une colonie danoise à la réputation sulfureuse. Longtemps considérée comme le paradis des flibustiers, elle demeurait encore l'île de la Caraïbe la plus propice à la traite négrière, surtout vers Cuba et le Surinam. Saint-Thomas était aussi un formidable entrepôt où, sans être trop regardant sur l'origine des marchandises, on pouvait acheter et vendre à peu près tout. Je ne devais pas m'y ennuyer en tout cas sur ce plan-là. En me renvoyant dans cette partie du monde, le ministère avait fait le choix d'un homme rodé aux questions du commerce et à la surveillance des mouvements ennemis visant à déstabiliser nos affaires.

J'aurais pu devenir riche à bien des occasions mais cela ne s'est pas produit. Le mouvement en général et les bouleversements politiques ont toujours guidé mes choix et mon action, souvent au détriment de mes proches. La vie d'aventurier est difficilement conciliable avec une vie de famille. Mais bien que mes enfants aient eu à souffrir de mon éloignement, au moins ont-ils appris à ne pas redouter la vie et ses changements.

Je rentrais à cette époque dans le rang après avoir embrassé des métiers si différents, cultivateur, commandant d'expédition militaire, négociant-armateur et même ministre ! J'avais fait de l'espionnage successivement pour Carthagène et pour la France alors que j'en avais les deux nationalités. Mais cela personne ne le sut, tout comme l'existence des lettres de créance qui faisaient de moi le premier représentant français auprès de la Colombie. Par sentiment et par éducation, je restais partisan de l'indépendance des nouveaux Etats d'Amérique du sud et gardais pour Bolívar la plus haute estime. Aussi dans l'ombre, je pus continuer à être un lien avec les dirigeants colombiens dont beaucoup avaient été des frères d'armes.

- XI -

Epilogue - 1840

Je n'ai pour ainsi dire que très peu quitté le continent américain depuis ces années d'aventure en Colombie. A bientôt soixante ans, je suis enfin consul en titre et représente la France sur l'île de Porto Rico qui, avec Cuba, sont les derniers restes du grand empire espagnol en Amérique. L'époque où Anglais, Américains du nord, Espagnols, Français et Patriotes colombiens se faisaient la guerre, semble derrière nous mais la bataille commerciale fait rage plus que jamais. La raison pour laquelle je n'ai finalement pas quitté cette région du monde est sans doute parce que c'est encore ici que je suis le plus utile pour les douze mille Français de Porto Rico et la défense de nos intérêts. Mais à quel prix ! L'éloignement de ma femme et mes enfants, installés à Paris depuis tant d'années, me pèse toujours autant. Un poste à Madrid où à Londres aurait fait mon bonheur.

Heureusement, mes enfants sont une source de réconfort, à commencer par l'aîné d'entre eux, mon bon Frédéric. Il est devenu le vrai chef de famille et mon meilleur conseiller. Il occupe depuis le début de cette année 1840, le poste de chef de cabinet du ministre de la Marine, l'amiral Duperré, qui apprécie sa droiture et une fidélité inconditionnelle jusqu'à sacrifier ses propres intérêts. Je le pense incapable de demander quelque chose pour lui-même. Sur bien des points, nos caractères diffèrent car servir les intérêts d'une autre nation que la France lui semblerait être une trahison. A côté de lui, je fais figure de mercenaire ayant participé à tous les régimes depuis Napoléon. La France pragmatique a toujours su s'attacher les hommes capables de la servir, faisant fi de leur passé. Frédéric et moi nous rejoignons car chacun, à notre manière, nous sommes des hommes de l'ombre.

L'époque actuelle est bien différente car la génération à laquelle appartient Frédéric n'aura probablement plus à connaître les mouvements qui ont tant secoué le monde après que nous autres Français ayons exporté si bien l'esprit révolutionnaire. Même la question de l'abolition de l'esclavage dans nos colonies fait son chemin car je sais Frédéric travailler jours et nuits à la rédaction d'un ouvrage important pour son ministre[110]. Tandis qu'il n'avait que dix-sept ans, sa présence à mes côtés en Colombie pour la mission de Chateaubriand, aura sans doute contribué à lui donner cette ouverture d'esprit et une vision humaniste.

Il y a quelques jours, mon autre fils Théodore m'a tiré le portrait. Sa vue m'a d'abord effrayé. Combien ai-je l'air sombre et impénétrable… Je me trouve même un faux air de ce diable de Talleyrand[111] dans le portrait que Prud'hon fit de lui. Ce doit être la réalité car je ne doute pas un instant de la capacité de Théodore à sentir son modèle. Cet enfant est doué d'un sixième sens. Il est à ce point singulier que je puisse dire qu'il ne me ressemble en rien, si ce n'est que c'est un bon cavalier. Il est élancé, charmeur, sanguin comme les gens des îles, d'une sensibilité exacerbée et possède quelque chose d'étrange que je ne m'explique pas. Mais il a un talent que notre grand peintre Ingres a su déceler très tôt quand Théodore, alors âgé de onze ans, entra dans son atelier. Il est notre fierté. Tout juste revenu de Rome où il a fait le portrait du père dominicain Lacordaire, il finalise son projet pour le tombeau de l'empereur

110 Chassériau, Frédéric-Victor-Charles, *Précis de l'abolition de l'esclavage dans les colonies anglaises* - Imprimerie royale, Paris, 5 volumes parus entre 1840 et 1843

111 Portrait du prince de Talleyrand en costume noir par Prud'hon en 1817 (Château de Valençay)

Napoléon dont on ramènera bientôt les cendres de Sainte-Hélène. Le hasard a fait que, pour ce tombeau prestigieux, il se trouve en compétition avec son cousin baroudeur et architecte Charles-Frédéric, que je considère depuis la mort de son père comme un fils et qui me ressemble par certains côtés. [112]

Cette colonie espagnole de Porto Rico me replonge régulièrement dans un passé que j'ai mis quelque peu sous silence. J'ai trop conscience d'avoir ma part de responsabilité, somme toute limitée, dans le désordre qu'a connu l'Amérique méridionale. Colombien de la première heure, au moins aurai-je apporté ma pierre à la cause de l'indépendance. Simón Bolívar, de loin le plus brillant des hommes que j'ai pu connaître dans cette partie du monde, est mort depuis maintenant dix années. Je n'ai plus que quelques rares échanges épistolaires avec son cousin Félix Ribas dont j'avais eu la garde à Paris, et avec quelques anciens compagnons d'armes occupant encore aujourd'hui des charges importantes en Colombie et au Venezuela. Nos destins ont pris certes depuis bien longtemps des trajectoires différentes mais ces liens restent inaltérables et cachés.

Après avoir été parfois considéré comme un « agitateur », je dois dire que la position de consul du roi continue d'apporter à mon grand âge son lot de satisfactions et de surprises que favorise un port aussi actif que celui de San Juan. Depuis près de quarante années, je pense à présent connaître toutes les routes maritimes de la région et tous les bâtiments de commerce ou de guerre qui sillonnent la Caraïbe. Si je pouvais tout recommencer, j'ajouterais à la liste des métiers que j'ai exercés, celui de marin, ce qui pour un enfant de La Rochelle, fils d'armateur, était une destinée toute naturelle…

Fin

---

[112] En 1840, Charles-Frédéric Chassériau proposa un projet pour le tombeau de Napoléon Ier inspiré de l'œuvre d'Horace (Driskel, Michael Paul, *As Befits a Legend : Building a Tomb for Napoléon, 1840-1861*, Kent State University Press, 1993 – page 100).

== Annexes ==

N.B. sauf mention contraire, les lettres reproduites ci-dessous proviennent des archives de Benoît Chassériau.

Annexes 1

Expédition secrète pour libérer Portobelo (janvier 1814)

***

1) Lettre de Benoît Chassériau aux Conseillers de Portobelo, 15 janvier 1814 (traduite de l'espagnol)

Benoît Chassériau, Commandant en Chef de l'Armée d'Occident de Carthagène

Aux Conseillers de la très Illustre Municipalité de Portobelo

Vous connaîtrez par le document qui est inclus dans quelle intention je suis venu dans la région de Portobelo. Mille hommes, dont le courage a été reconnu par de continuelles victoires et quinze navires de Guerre avancent pour lancer l'attaque par terre et par mer. Vous ne douterez pas que la moindre résistance attirerait des résultats, à la fois vains et fatals, si les voisins de Portobelo oubliaient leur propre intérêt et ce qu'ils doivent à leur patrie, au point de considérer et traiter comme ennemis ceux qui sont venus en tant que frères et libérateurs.
Il vous appartient donc, en qualité de Chefs immédiats, de patrons et pères du Peuple, de vous efforcer de le libérer par une prompte soumission, de toutes les catastrophes qui peuvent lui survenir dans le cas contraire. Employez avec ferveur votre influence et votre autorité pour émouvoir vos concitoyens afin qu'ils se rallient immédiatement à l'étendard de l'indépendance.
Je ne peux m'arrêter dans ma marche, et par conséquent votre réponse doit être rapide et décisive. je ne la considérerai comme preuve d'une disposition fraternelle, que si deux conseillers de votre très Illustre Mairie, et quatre notables propriétaires fonciers de la ville viennent vers moi le plus rapidement possible pour m'assurer de leur loyauté et s'en remettre avec moi à la providence qui est nécessaire pour empêcher et prévenir les désordres et désastres,

prévisibles, dont, dans le cas contraire; vous seriez responsables envers vos administrés, et envers l'humanité.

Chassériau

envoyé le 15 janvier de 1814 de la ville de Portobelo

---

2) Lettre de Benoît Chassériau aux habitants de Portobelo, 15 janvier 1814 (traduite de l'espagnol)

Benito Chassériau, Commandant en Chef de l'Armée d'Occident de Carthagène

À ses Concitoyens les voisins de Porto-belo

Je suis venu à la tête d'une armée de mille hommes, patriotes de Carthagène, pour vous fournir les moyens de secouer le joug de la tyrannie espagnole, et de conquérir votre indépendance.
La Divine Providence a signalé ce moment pour que ce soit celui de la liberté et de la régénération de toute l'Amérique, et ce serait une folie condamnable que vouloir s'opposer à ses lois immuables.
Elle a déjà reconnu la légitimité d'une cause aussi sacrée, avec les événements d'Europe et tous ceux d'Amérique qui se conjuguent simultanément pour leur consolidation. Toutes les Provinces du Venezuela ont récupéré leur liberté après avoir anéanti les ennemis qui étaient venus les soumettre. Huit mille hommes assiègent Santa Marta, qui ne peut faire autrement que se rendre de force. L'ennemi affaibli qui s'était emparé par trahison de la Province de Popayan, encerclé par les troupes courageuses de Sta Fé et abandonné par ses chefs se retrouve seul en difficulté pour trouver une sortie pour se retirer de façon ignominieuse depuis Madacara jusqu'à l'Orinoco, on entend retentir le cri de la liberté à La Plata et au Mexique; il ne subsiste qu'une poignée de tyrans déchus

auxquels il ne reste d'autre recours que la mort ou la soumission aux Patriotes victorieux.
Profitez donc, concitoyens de Portobelo, de l'occasion que la fortune vous offre aujourd'hui pour vous unir à La Confédération de La Nouvelle-Grenade, et rentrer dans le sein d'une famille, dont le despotisme vous a jusqu'à aujourd'hui séparés.
Tous ceux qui m'accompagnent, tout comme moi, nous sommes venus en tant qu'amis et frères, et nous désirons que vous nous receviez comme tels, c'est à vous créoles, en particulier, que s'adresse cette profession de fraternité puisque vous avez le plus grand intérêt à sortir de l'état d'avilissement dans lequel vous vous trouvez seuls et épuisés. Les européens qui manifestent une affection sincère pour notre cause et la vôtre ne cesseront pas cependant d'être dignes de notre bienveillance et humanité.
Toutefois, si quelques insensés tentent de résister à nos armes, ils perdront, outre l'inutilité de leurs efforts, tous les droits qui pourraient leur revenir aux profits que nous venions leur offrir, ils s'exposeront sans aucun doute à expérimenter les fureurs que la guerre apporte avec elle, peut-être seront immergés dans cette terrible hypothèse les créoles mêmes qui ne se seraient pas ralliés à mon étendard, mes efforts pour les sauver seraient, il se peut donc, tardifs et inutiles, bien que je sois disposé à leur pardonner tout ce qui arrive, persuadé qu'ils ne peuvent se déclarer nos ennemis, sinon dans un moment de délire, où hallucinés ils seraient aveuglés par leurs tyrans.

Chassériau

---

3) Acte de naturalisation de Chassériau, 3 juin 1814 (Carthagène)

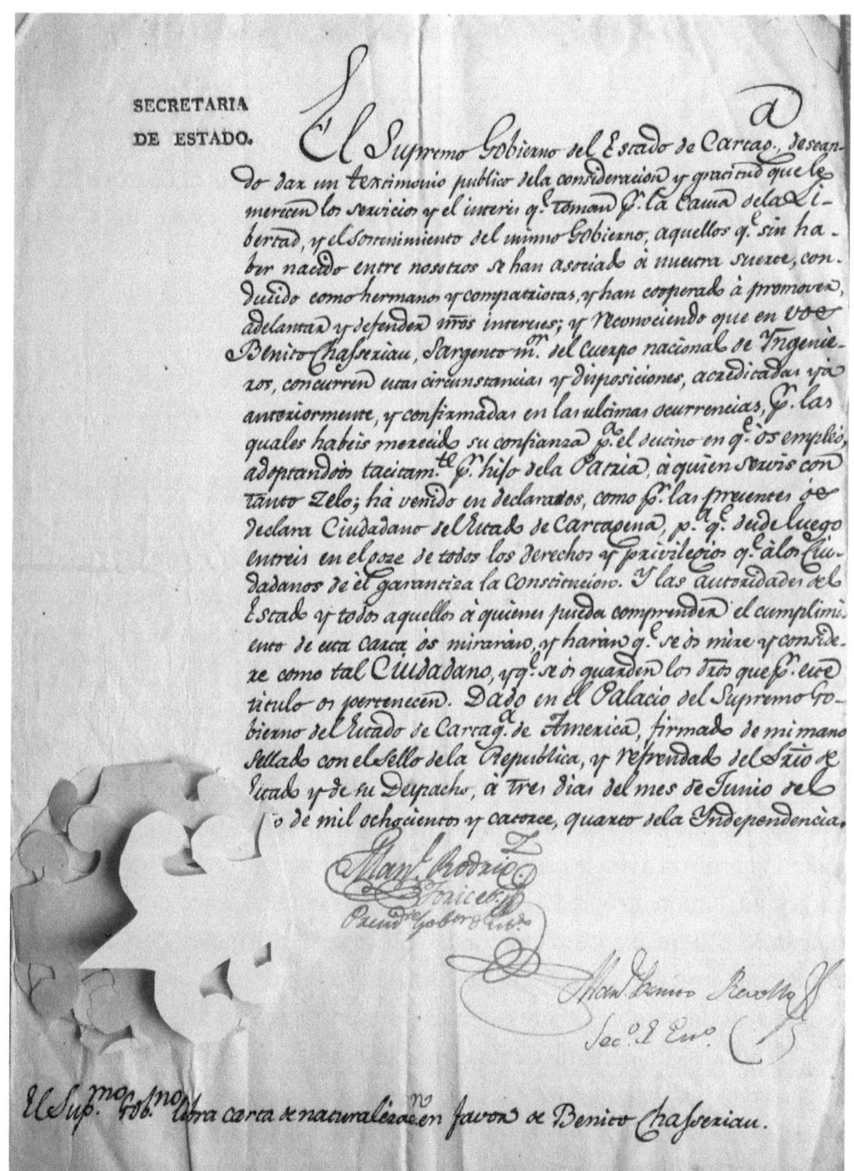

SECRETARIA DE ESTADO.

El Supremo Gobierno del Estado de Cartag.ª deseando dar un testimonio publico dela consideracion y gratitud que le merecen los servicios y el interes q.e toman p.r la Causa dela Libertad, y el sostenimiento del mismo Gobierno, aquellos q.e sin haber nacido entre nosotros se han asociado á nuestra suerte, conducido como hermanos y compatriotas, y han cooperado à promover, adelantar y defender nros intereses; y Reconociendo que en Vos Benito Chasseriau, Sargento m.or del Cuerpo nacional de Ingenieros, concurren estas circunstancias y disposiciones, acreditadas yà anteriormente, y confirmadas en las ultimas ocurrencias, p.r las quales habeis merecido su confianza p.a el destino en q.e os empleó, adoptandoos tacitam.te p.r hijo dela Patria, à quien servis con tanto Zelo; hà venido en declararos, como p.r las presentes os declara Ciudadano del Estado de Cartagena, p.a q.e desde luego entreis en el goze de todos los derechos y privilegios q.e à los Ciudadanos de él garantiza la Constitucion. Y las autoridades del Estado y todos aquellos à quienes pueda comprender el cumplimiento de esta Carta os miraràn, y haràn q.e se os mire y considere como tal Ciudadano, y q.e se os guarden los dros que p.r este titulo os pertenecen. Dado en el Palacio del Supremo Gobierno del Estado de Cartag.a de America, firmado de mi mano sellado con el Sello dela Republica, y refrendado del Srio de Estado y de su Despacho, à tres dias del mes de Junio del [...]o de mil ochocientos y catorce, quarto dela Independencia.

Man.l Rodrig.z Torices
Presid.te Gober.r Lib.e

Man.l Benito Revollo
Sec.o d. Esto.

El Sup.mo Gob.no V.a otra carta de naturaleza en favor de Benito Chasseriau.

Annexes 2

Expédition pour la libération du Venezuela (1816)

***

4) Lettre de Simón Bolívar à Benoît Chassériau, 26 décembre 1815 (Les Cayes) au sujet de son arrivée en Haïti et de la chute de Carthagène (traduite de l'espagnol)

Les Cayes, 26 décembre 1815

Mon cher ami,

J'ai la satisfaction de vous faire part de mon arrivée sans problème à ce Port le 24 de ce mois.
Mes amis Brión, Durand[113] et ceux qui ici aiment l'Amérique m'ont reçu avec de nombreuses marques d'amitié, et j'ai commencé à traiter avec eux de notre projet, pour l'exécution duquel je pars demain pour Port-au-Prince.

Dans la navigation, j'ai parlé avec le capitaine de la goélette corsaire de Carthagène *La Republicana* qui se dirigeait vers ce Port, et a pris cette direction dès qu'il nous a rencontrés. Le capitaine nous a informés que la place avait été évacuée le 5 de ce mois, une grande partie de la population émigrante ainsi que toute la garnison avec les armes par mer. Je pense que cette nouvelle est fausse parce que, à mon arrivée ici, on n'en avait pas connaissance et nous n'avons pas rencontré d'autre navire d'émigrants. Le reste des troupes de Carthagène, les armes qui ont été sauvées et les navires à bord lesquels ils viennent, me fournissent de nombreuses ressources pour entreprendre ailleurs, peut-être avec plus de succès. La perte de Carthagène n'est pas décisive du sort de la Nouvelle-Grenade et les Espagnols, en la prenant, se débilitent, parce qu'ils devront amputer leur armée d'une forte garnison pour la couvrir. Enfin, je crois que même si cette funeste nouvelle se confirme, notre projet peut continuer, et la

---

[113] Colonel José Maria Duran

cause de l'Amérique prospérer un peu avec nos efforts. Aussi, je ne vacille pas, et j'espère que mes amis ne m'abandonneront pas non plus.
Je ne sais pas dans combien de temps aura lieu mon retour de Port-au-Prince, mais de tous les lieux j'aurai soin de vous informer des progrès réalisés et des avantages qui se présentent pour moi.

Ordonnez à votre ami affectueux et fidèle serviteur Q.B.S.M.[114]

Simón Bolívar

(Version originale)

Los Cayos, 26 de diciembre de 1815

Sr. Don Benito Chassériau

Mi apreciado amigo,

Tengo la satisfacción de participar a V. mi llegada a este Puerto el 24 del corriente sin novedad.

Mis amigos Brión, Durand[115] y los demás que hay aquí amantes de la América me han recibido con muchas muestras de amistad, y he empezado a tratar con ellos sobre nuestro proyecto, a cuyo intento marcho mañana para Puerto Príncipe.

En la navegación hablé con el Capitán de la Goleta Corsario de Carthagène La Republicana que iba para ese Puerto, y tomó la dirección luego que nos encontró. El Capitán nos informó que la plaza había sido evacuada el 5 del

---

114 Q.B.S.M. = que besa su mano = qui baise sa main

115 Le colonel José María Durán participa à l'expédition des Cayes.

presente, emigrando mucha parte de la población y toda la guarnición con las armas por mar. Yo creo falsa esta noticia, porque a mi llegada aquí no se sabía tal cosa ni encontramos otro buque de los emigrados, a pesar de que el mismo Capitán dijo que los demás habían tomado su rumbo a este puerto. Aun cuando fuese cierta, no por eso dejaré de emplear mis esfuerzos a favor de mi país. Los restos de las tropas de Carthagène, los hombres emigrados, las armas que hayan salvado y los buques en que vengan me proporcionan muchos recursos para emprender por otra parte, quizás con mejor suceso. La pérdida de Carthagène no es decisiva de la suerte de la Nueva Granada y los españoles, tomándola, se debilitan, porque tendrán que desmembrar de su ejército una fuerte guarnición con que cubrirla. En fin, yo creo que aun cuando se confirmase está fatal noticia, nuestro proyecto puede continuar, y la causa de América prosperar algo con nuestros esfuerzos. Así, no desmayo, y espero que mis amigos tampoco me abandonaran.

Mi vuelta de Puerto Príncipe no sé cuánto tardará, pero de todas partes tendré cuidado de participarle los progresos que haga y las ventajas se me presenten.

Mande V. a su afmo. amigo seguro servidor Q.B.S.M.

Simón Bolívar

(Sociedad Bolívariana de Venezuela, fonds Víctor F. Schroeter)

---

5) Lettre de l'amiral Luis Brión à Benoît Chassériau, 10 janvier 1816 (Les Cayes)

Les Cayes, 10 janvier 1816

Mon cher Monsieur Chassériau et ami,

Votre appréciable lettre du 13 décembre 1815, m'est parvenue ainsi que le contenu inclus. Mon cher ami, vous devez me pardonner le silence que j'ai eu auprès de vous jusqu'à ce jour. Je suis vraiment tellement occupé qu'à peine ai-je un moment pour m'entretenir avec les amis.

La lettre de l'ami Bolívar fut remis à Durant, à sa réception. L'ami Caveau est ici avec moi. Pour Monsieur Renaud, je ne le connais pas. Je veux cependant m'en informer auprès de Monsieur Lutton.

Pour ce qui concerne la malle de papiers, cela n'est pas moi que vous chargeâtes à les retirer des mains de Monsieur Cursier.

Le général Bolívar est au Port-au-Prince. J'attends son retour sous peu de jours ici.

Nous avons reçu depuis quelques jours les proclamations du Général Arismendi qui vient de rendre l'île de la Margarita, une troisième fois et j'espère dernière, totalement indépendante. Cumaná et Barcelona doivent aussi déjà être indépendants. Étant le 7 du mois, (ill.) entouré de patriotes et les Espagnols faisaient déjà la grimace à la Guayra et Caracas. Ainsi vous voyez mon ami que si le patriotisme évanouit à l'ouest, il éclore à l'est.

J'espère bien tôt partir. Je crains simplement que tous les bâtiments de Cartagena n'arriveront point. Jusqu'à présent il y en manque huit.

Pour le reste je vous prie de dire bien des choses de ma part aux différents amis et de me croire à jamais votre serviteur et ami.

Luis Brión

---

6) Lettre de l'amiral Luis Brión à Benoît Chassériau, 27 novembre 1816 (Les Cayes)

Cayes, 27 Novembre 1816

Monsieur et ami,

Votre lettre du 19 présent m'est bien parvenue. J'eus le plaisir de vous écrire plusieurs lettres depuis mon arrivée dans cette ville surtout avec le général Mina que j'apprends n'a pas touché à notre port. Je vous écrivis depuis par l'ami Montilla et depuis par une autre occasion. Je ne sais à quoi attribuer l'égarement de mes lettres. Je ne puis que vous dire présentement que je pars dans quelques jours avec le général Bolívar pour me rendre le plus promptement possible où ma présence est de si grande utilité. Caracas est prise ainsi que la Guayra. Il ne reste que Puerto Caballo et l'Angustura qui tomberont bien promptement. Vous voyez présentement que tout ici est du à mon expédition, que sans cela tout était perdu pour toujours. A présent on doit même espérer qu'avec les nouvelles ressources que j'y mène, même la Nouvelle-Grenade doit subir une Révolution et Carthagena dans quelques mois se trouvera fort alarmée.
La guerre avec l'Amérique et l'Espagne est inévitable. Cet événement rassurera la cause de l'indépendance pour toujours. J'espère avoir le plaisir de vous voir promptement parmi nous

Luis Brión

---

7) Lettre de Simón Bolívar à Benoît Chassériau, 27 juin 1816 (Carúpano) au sujet de sa campagne (traduite de l'espagnol)

Quartier Général de Carúpano, 27 juin 1816

Simón Bolívar
Chef Suprême de la République, Capitaine Général des Armées du Venezuela et de la Nouvelle-Grenade, &., &., &.

A Monsieur J.B. Chassériau.

Monsieur et cher ami,

J'ai eu le plaisir de vous écrire à plusieurs reprises mais votre silence et l'adresse portée sur mes lettres me font craindre qu'elles se soient égarées, et que soyez sans nouvelles de moi.

La série de bulletins que j'inclus vous informeront des opérations que nous avons menées et des avantages acquis sur l'ennemi partout où nous nous sommes présentés. Si la chance, qui nous a protégés jusqu'à maintenant malgré le peu de moyens avec lesquels nous avons entrepris les premières opérations, continue à nous favoriser à l'avenir lorsque nous compterons sur un corps de troupe assez considérable, la campagne se décidera très rapidement en notre faveur.

Il y a un mois que je suis ici occupé à lever et organiser l'armée. A présent seul me retient l'arrivée du général Mariño qui doit se produire d'un moment à l'autre avec un corps important qu'il m'amène de Guaira. Je l'attends avant deux jours pour me mettre en marche immédiatement sur Cumaná. Bien que l'ennemi se soit re-concentré là-bas ou dans ses environs, je compte sur le courage et le patriotisme de mes soldats et j'escompte une victoire certaine.

Les plaines ont été abandonnées par les Espagnols qui ont dus expliquer
Cumaná les troupes avec lesquelles ils se protégeaient contre les innombrables guérillas qui combattent dans cette région pour la liberté. Pour profiter de ces circonstances j'ai envoyé le général Piar à Maturin avec l'ordre de prendre la

tête de l'armée qui doit être composée de l'ensemble de nos guérillas. Leurs marches seront rapides et ils se dirigeront où cela nous convient le mieux.

Ami, tout conspire pour assurer le fruit de nos efforts. Les Espagnols sont tellement convaincus qu'ils ne peuvent triompher et que leur situation est désespérée que, bien qu'ils semblent se défendre, ils tentent de fuir et de se sauver. La générosité de la conduite que je me suis proposé tenir à leur égard, aura une grande influence, je crois, pour me faciliter la liberté de ma patrie.

Je vous prie de saluer de ma part votre épouse et recevez l'affection sincère avec laquelle je suis votre fidèle serviteur. Q.B.S.M.

Bolívar

(Version originale)

Cuartel General de Carúpano, 27 de junio de 1816

Simón Bolívar
Jefe Supremo de la República, Capitán General de los Ejércitos de Venezuela y de la Nueva Granada, &., &., &.

A Monsieur J. B. Chassériau.

Mi querido amigo y señor

Por varias veces he tenido el gusto de escribir a V. pero el silencio de V. y la dirección que han llevado mis cartas me hace temer que se hayan extraviado, y que se halle V. privado de mis noticias.

La colección de boletines que le incluyo le instruirán de las operaciones que hemos ejecutado, y de las ventajas adquiridas sobre el enemigo por todas partes donde nos hemos presentado. Si la fortuna, que nos ha protegido hasta ahora a pesar de la escasez de medios con que hemos emprendido las primeras operaciones, continúa favoreciéndonos en adelante cuando ya contemos con un cuerpo de tropas bien considerable, la campaña se decidirá muy pronto en nuestro favor.

Un mes hace que estoy aquí ocupado en levantar y organizar el ejército. Al presente sólo me detiene el general Mariño que debe llegar de un momento a otro con un grueso que me trae de Guaria. Lo espero antes de dos días para empezar mis marchas inmediatamente sobre Cumaná. Aunque el enemigo se ha reconcentrado allí o en sus inmediaciones, yo confío en el valor y patriotismo de mis soldados y me prometo una victoria segura.

Los llanos han sido abandonados por los españoles que han traído a Cumaná las tropas con que los cubrían, contra las guerrillas innumerables que combaten en aquella parte por la libertad. Para aprovecharme de estas circunstancias he enviado al general Piar a Maturín con orden de que se ponga a la cabeza del ejército que debe formarse de la reunión de nuestras guerrillas. Sus marchas serán rápidas y se dirigirán hacia donde más nos convenga.

Amigo, todo conspira a asegurarnos el fruto de nuestros esfuerzos. Los españoles están tan desengañados de que no pueden triunfar y de que es desesperada su situación que aunque aparentan defenderse, sólo tratan de huir y de salvarse. La generosidad de la conducta que me he propuesto con respecto a ellos, creo que va a influir mucho para facilitarme la libertad de mi patria.

Hágame V. el favor de saludar de mi parte a su señora esposa y disponga del verdadero afecto con que soy de V. atento seguro servidor Q. B. S. M.

Bolívar

(Lettre reproduite dans *Simón Bolívar, Obras Completas* par Vicente Lecunal, p. 203 et 204. Elle appartenait au baron Chassériau et fut copiée par Pedro Manuel Arcaya, grâce à Albert Depreaux de la Fondation Thiers)

8) Lettre de Simón Bolívar à Benoît Chassériau, agent à Saint-Thomas, 24 juin 1827 (Caracas) au sujet du prêt de 1816 (traduite de l'espagnol)

Caracas, 24 juin 1827

A Monsieur Benito Chassériau

Dès que j'ai reçu la lettre du 8 février à Saint-Thomas, j'ai donné l'ordre correspondant à l'autorité du département pour que soient mis à votre disposition les quatre cent quatre pesos, et intérêts, que vous réclamez très instamment. Je me rappelle parfaitement du moment et circonstances où vous avez donné cette somme complémentaire, et j'ai toujours eu à louer votre détachement, et pour cette raison je m'empresse de faire le paiement correspondant.

Plus grande a été ma surprise lorsque j'ai reçu votre deuxième lettre du mois de mai, dans laquelle vous revenez sur le sujet. J'ai immédiatement vérifié la raison, et l'intendant m'a dit que l'argent est à votre disposition à la trésorerie de la Douane de la Guaira. Vous pouvez l'obtenir par l'intermédiaire d'un représentant. En vérité, j'ai été très sensible au retard que vous subissez dans cette réclamation.

Je me rappelle toujours de vous avec l'estime que vos services méritent et l'Amitié que vous me portez.

Votre dévoué

Bolívar

(Version originale)

Caracas, 24 de junio de 1827

Al Señor Benito Chassériau

Estimado Amigo,

Desde que recibí la carta de 8 de febrero en San Thomas di la orden correspondiente a la autoridad del departamento para que pusiera a la disposición de U. los cuatrocientos cuatro pesos, y sus interés que tan instantemente reclama. Yo me recuerdo muy bien de los momentos y circunstancias en que U. hizo este suplemento, y siempre he tenido que alabar su desprendimiento, y por lo tanto me apresure en hacer el abono respectivo.
Mas geral ha sido mi sorpresa al recibir la segunda carta de U. del mès de mayo, en que me vuelve a hablar sobre este asunto. Inmediatamente averigüe el motivo, y he salido de boca del Intendente que el dinero existe en la tesorería de la Aduana de la Guayra, ya la orden de U. pueda U. pues ocurrir por él, por medio de un apoderado. A la verdad, que me ha sido muy sensible el retardo que sufre U. en este reclamo.
Yo siempre le he recordado a U. con la estimación que le han merecido sus servicios y la Amistad que le profesa.
Su afmo

Bolívar

(Lettre de Simón Bolívar retranscrite par Benoît Chassériau dans le courrier à son fils Frédéric du 3 juillet 1827)

Annexes 3

Projet d'expédition avec le corsaire Louis Aury afin de permettre à la France de s'implanter à Panama - 1819

***

9) Lettre du corsaire Louis Aury à Benoît Chassériau (avant mai 1819)

Mon cher Monsieur,

J'ai reçu l'honneur de votre dernière; avec beaucoup de plaisir accepte les offres que vous faites de vos services à notre petite expédition. Je suis convenu avec Monsieur Camara qu'il me prêterait un bâtiment pour le point de destination qu'il vous communiquera pour m'envoyer autant de passagers qu'il sera possible. Si vous êtes déterminé à suivre avec ce premier navire veuillez-vous consulter avec lui. Il devra mettre à la voile 20 ou 26 jours après mon départ de ce port dont, je l'aviserai en partant.

Je serai déjà en mer si le Président ne m'eut point fait espérer jusqu'à ce moment, le paiement de dix milles gourdes que le gouvernement me doit, que j'espère pour terminer mon opération. Je suppose que la crainte qu'il a eu que je ne fusse contraire à l'autre expédition, si j'avais eu mes moyens en mon pouvoir a été le motif de ce désagrément. Comme elle est enfin partie, je pense ne 27devoir plus être retenu longtems. Il n'y a plus dans cette fameuse opération que sept bâtiments dont un fait beaucoup d'eau et sera obligé de relâcher sans doute, ainsi que l'ont déjà fait trois bâtiments de cette expédition. En outre on présume que deux du reste, les laisseront à la première occasion favorable. Ils ont essuyé beaucoup de mauvais tems. La goélette de Brión a eu à la mer un maître blavau cassé par une de ses grandes pièces qui a tombé sur son pont à la mer. Beaucoup de désunion et de mauvais traitements entre eux, une grande partie des équipages ont déserté dans tous les endroits où ils en ont eu l'opportunité. Je pense que notre petite opération ne fera pas autant de bruit, mais aura autant d'effet.

Voici les forces dont se composent notre expédition en sortant d'ici, six bâtiments qui sont ici, armé en guerre, et le *Cavalo Blanco* que j'espère tous les jours à peu près quatre cents hommes, cinq cents fusils et munitions correspondantes. D'après les nouvelles que nous avons reçu de la Louisiane, par un bâtiment qui est arrivé en vingt-deux jours, il est certain qu'avec quelques fonds l'on réunirait à la Nouvelle-Orléans plus de deux milles hommes en très peu de tems, que quelques bâtiments qui ont déjà été acheté pour le gouvernement du Mexico se joindraient à nous et que les américains sont disposés à nous favoriser en armes, munitions et puisqu'ils ont déjà fait trois opérations pour porter des fusils à la côte et cela même publiquement. J'ai pris mes mesures avec un de mes amis qui part pour le continent d'Amérique, lequel a du crédit et des puissants amis là, pour qu'il dispose les esprits en autre faveur et que sitôt qu'il aura su notre pied-à-terre il fut [ill.] plusieurs navires pour nous envoyer des français qui formeront le Canal par où devront passer les autres. Il ne nous faut pas plus que du bonheur, puisse la fortune ne pas nous abandonner dans une aussi belle entreprise ?

Agréez mon cher Monsieur, l'assurance de mes respects et de l'amitié la plus sincère

Aury

P.S. Il conviendra que vous poussiez un peu Camara. Il est un peu indolent de son naturel, il faut que vous l'électrisiez.

Le 20 may
Vous aurez su les nombreuses difficultés que j'ai éprouvé ce qui m'a empêché de sortir avec quatre Corsaires, mais j'espère vers la fin du mois partir pour aller les rejoindre. Je dois envoyer un bâtiment dont Lafitte doit prendre le commandement ainsi donc vous voudrez vous entendre avec lui pour votre départ si vous êtes disposé à venir dans son navire. Il vous communiquera les instructions que je lui enverrai alors par le bâtiment.

Annexes 4

Guerre d'indépendance - Libération de la côte de la Terre-ferme (Côte nord du Venezuela et de la Colombie) en 1819

***

10) Lettre de Miguel Santa María à Benoît Chassériau, 30 août 1820

Mon cher Chassériau,

A peine puis-je vous témoigner mon amitié en vous saluant. Je vous assure foi d'honnête homme qui il y a des jours (et celui-ci en est) où je ne suis maître que du temps nécessaire pour désirer de me reposer quelques heures.
Encore, le climat s'est montré trop ingrat envers moi. La fièvre m'a confiné au lit pendant quinze jours et je commence à me rétablir quoiqu'avec beaucoup de peine ne fournissant pas le pays les moyens pour faire tête aux suites d'une maladie. C'est pourquoi je vous prie de m'excuser si je n'écris aussi amplement que je voudrais. Quant aux nouvelles veuillez bien les demander à Mr Amador. Je suis faible mon ami et très fatigué.
Vous vous plaignez du silence de Gual et Montilla. Tout ce que je pourrai vous dire là-dessus c'est que je les ai entendu parler de vous en frères plutôt qu'en ami. Tant l'un que l'autre se trouvent loin d'ici. Mais parlons franchement. En affaire d'amitié je ne borne toujours à ne garantir que la mienne et quant à cela je vous défie de me blâmer dans le cours de ma vie de ne pas vous témoigner que je vous porte quelque soit la situation où le destin me place et dans quelque endroit où il m'entraîne, votre souvenir me sera toujours cher.
Mes respects à Madame. Agréez mes vœux pour la prospérité de vos enfants et obligez-moi en vous donnant de vos nouvelles.
Tout à vous

M. Santa María

P.S. : vous savez bien combien j'aime Pavageau. Je prends part à tout ce que lui peut avoir de l'influence dans son sort. Il est digne du meilleur du monde. Je suppose que vous lui aurez remis mes lettres mais comme j'en suis incertain

j'attends de ses nouvelles. Dans le cas qu'il se trouve là dites-lui de ne pas me refuser quelques lignes.
Je ne sais pas si vous pouvez entendre mon patois. Faites attention au sens et mettez de côté la phraséologie. Donnez-moi des nouvelles de France. Quel a été le succès du mécontentement éclaté à Paris à l'occasion de l'exécution de Louvet ? Encore j'oubliais précisément ce que je voulais vous dire d'abord. En causant avec Bolívar qui se trouvait ici le 25, la conversation tourna sur vous. Il me fit mille questions à l'égard de vous et finit par me dire : “Il est mon ami. Il faut lui écrire par le premier bâtiment”. Quelques minutes après, il reçut des dépêches et partit pour Turbaco où il se trouve.

---

11) Lettre de l'amiral Luis Brión à Benoît Chassériau, 9 juillet 1820 (Sabanilla)

Mon cher Chassériau,

Je ne puis manquer de vous donner de mes nouvelles. Je n'ai pas pu vous écrire de Rio de la Hacha[116], par mes grandes occupations et la conduite infâme des Irlandais[117]. Grâce à Dieu, que nous avons été à même de prouver à l'univers entier que nous avons mieux fait sans eux. Car le Bonheur a voulu que nous nous ayons débarrassé d'intrus, de brigands de cette classe. Toute la province de Cartagena est à nous et aussi Santa Martha. Gleen et Cholty pourront vous dire davantage. Excusez-moi mon ami mes occupations son tels à ne pas me donner une heure à pouvoir m'entretenir avec mes meilleurs amis. Cartagena et Santa Martha sous peu et croyez-moi à jamais.
Votre bon ami

Brión

---

[116] ville de Riohacha (rivière de la Hache)

[117] L'amiral Brión avait débarqué la légion irlandaise qui prit Riohacha. Ces légionnaires durent cependant être évacués à la suite d'une rébellion. Cette affaire eut un tel retentissement que Bolívar décida en septembre 1820 de se passer désormais des services des légionnaires étrangers.

Annexes 5

1ère mission en Colombie - 1821-1822

***

12) Lettre de Benoît Chassériau à Simón Bolívar, 29 janvier 1822 (La Guaira)

La Guayre, le 29 janvier 1822

Confidentielle

Mon cher général,

J'ai l'honneur de vous adresser une lettre que m'a remis pour vous à mon départ de la Martinique, Monsieur le général Donzelot ; j'y enjoins une de notre ami Leleux.

Mevinga que j'ai eu le bonheur de rencontrer ici vous instruira des motifs qui m'y emmène ; et j'espère d'autant plus qu'ils obtiendront votre approbation, que j'ai pour leur succès, particulièrement compté, sur votre toute puissante intervention. Mon but est d'être utile à ma patrie d'adoption en servant les intérêts non moins chers de celle qui m'a vu naître : de semblables élans ne sauraient qu'être partagés par une âme comme la vôtre. Je pars aujourd'huy pour Caracas et j'y attendrai qu'un autre bâtiment de la Station vienne me chercher pour me porter à Sainte Marthe d'où je me rendrai à Santa Fé, où partout où je pourrai me flatter de l'espoir de vous rencontrer. Je me promets de vous écrire de Caracas dans le plus grand détail et en attendant je vous prie de me compter dans le nombre de vos admirateurs et de vous plus sincères amis.

Je suis avec le plus respectueux dévouement,
Monsieur le général votre bien affectueux serviteur.

Bt Chassériau

(Lettre conservée aux archives générales de la Nation du Venezuela)

13) Lettre de José Maria Salazar[118], ministre de la justice de Colombie à Benoît Chassériau, 20 février 1822 (Caracas) (traduite de l'espagnol)

Caracas 20 février 1822

Mon cher ami,

Je suis vraiment désolé que vous quittiez ce pays si rapidement, et en même temps je le désire pour que vous puissiez mener à bien vos projets et y retourner comme vos amis le souhaitent.

L'entreprise de favoriser le commerce entre la France est très digne de votre part, c'est-à-dire d'un homme qui est autant français que colombien, par naissance et par adoption. La République de Colombie n'oubliera jamais combien vous lui avez été un bon ami dans la disgrâce et que le moment est venu pour l'amitié. Maintenant qu'elle a triomphé de ses ennemis, qu'elle est constituée et attend d'être heureuse, elle veut chérir ceux qui l'ont servi avec un sentiment de justice.

Je souhaite à mon ami que les délices de Paris ne lui fassent pas oublier ce nouveau théâtre de gloire et d'espoir. Faites dire à l'Histoire de notre pays, que vous avez été le premier à promouvoir les relations et le commerce avec la France et à ne pas avoir renoncé à cette idée tant qu'elle ne fut réalisée.

Tout concourt pour de telles relations, le triomphe général de notre continent américain, un état de sécurité militaire et politique, les produits variés et importants venant de France et de Colombie, la religion, la langue et le goût de la littérature. Nous sommes amis de tous les Peuples, et nous haïssons tout ce qui exclut, mais les différentes nations connaissent des circonstances plus ou moins heureuses.

Nos succès et ceux de l'Espagne nous font espérer la paix, et si l'Espagne s'obstine, elle ne nous fera qu'une guerre insignifiante. La guerre que nous voulons avec toutes les nations est seulement celle de l'industrie et du commerce, de sorte que dans une relation avec nous, tout le monde gagne et aucun ne perde. Tout ce que nous attendons de la philosophie, qui civilise la terre, et qui est la meilleure arme contre les tyrans, et les principes antisociaux.

[118] José María Salazar (1784–1828) après des études de droit, se consacra à la politique et à la cause Bolivarienne. Lors de la proclamation de l'Indépendance, il se réfugia à Caracas, où Miranda le nomma ministre du gouvernement de Carthagène. En 1827, il devint ministre plénipotentiaire à Washington puis ensuite à Paris. Il est l'auteur du premier hymne national colombien en 1814.

Les armes de la Colombie ont triomphé; mais le meilleur triomphe et le seul durable est celui de l'opinion. Cela a rendu la Colombie indépendante et consolidera la liberté de l'Amérique entière.
Si seulement je pouvais maintenant vous accompagner à Paris, mais vous savez que je suis ministre de cette cour de Justice et que mes collègues m'ont fait président sans doute pour honorer mon pays natal, parce que je suis encore bien jeune pour présider des hommes rompus à l'étude des lois. Si je croyais aux étoiles, je dirais que la mienne a été maligne concernant mes intentions de voir l'Europe parce que, nommé par le gouvernement avec M. Zea, vous connaissez les causes qui m'ont empêché de vous accompagner. Peut-être ferai-je un voyage à Paris dans quelque temps pour voir cette belle capitale et connaître (plutôt que ses palais) le célèbre B. Constant, le comte de Tracy, J.-B. Say et d'autres illustres sages.
Au revoir, mon ami, je vous souhaite un bon voyage et un retour proche et je vous réitère toute ma considération.

José María Salazar

(Version originale)

Sor D. Bt Chasseriau

Caracas Feb° 20 de 1822

Mi estimado amigo. Siento mucho pena de que Ud. deje tan pronto este país, y al mismo tiempo lo deseo para que U. realice sus proyectos y pueda regresar a él como sus amigos lo deseamos.

La empresa de promover con la Francia un comercio directo es muy digna de Ud. es decir de un hombre que es igualmente francés, y colombiano, lo primero por nacimiento y lo segundo por adopción. Nunca olvidara nuestra República que Ud. le ha sido buen amigo en la desgracia que es el tiempo propio para conocer la amistad, y ahora que ha triunfado de sus enemigos, que está constituida, y espera ser feliz, ella deseara tener en su alma a los que le han servido por un sentimiento de justicia.

Deseo mi amigo que las delicias de Paris no le hayan olvidar este nuevo teatro de gloria et esperanza. Haga Ud. decir a la Historia de nuestro país, que Ud. fue el primero que promovió sus relación y mercantil con la Francia y que no dejo su idea favorita hasta verla verificada.

Todo conspira a estas relaciones, el triunfo general de nuestro Continente americano, un estado de seguridad militar y político, los productos diversos e importantes de Francia y Colombia, la Religión, la lengua y el gusto de la literatura. Nosotros somos amigos de todos los Pueblos, y aborrecemos todo lo excluso pero hay circunstancias más o menos felices respecto de las diferentes naciones.

Nuestros sucesos y los de España nos hacen esperar la paz, y si la segunda se obstina nos hará sola una guerra insignificante. La guerra que nosotros deseamos con todas las Naciones es únicamente la de la Industria y el Comercio para que todos ganen y ninguna pierda con nuestras relaciones. Todo lo esperamos de la filosofía, que está civilizando la tierra, y que es la mejor arma que ha combatido a los tiranos, y a los principios antisociales. Las armas de Colombia han triunfado; pero el mejor triunfo y el solo durable es el de la opinión. Esto ha hecho independiente a Colombia y consolidara la libertad de la América entera.

Ojala pudiera yo ahora acompañar a Ud. a Paris, pero Ud. sabe que soy Ministro de este tribunal de Justica y que mis compañeros me han hecho Presidente sin duda por hacer honor a mis país nativo pues todavía soy joven para presidir a hombres encanecidos en el estudios de las leyes. Si yo creyera en las estrellas diría que la mía ha sido maligna respecto de mis intenciones de ver la Europa pues nombrado por el Gobierno con el señor Zea conoce Ud. las causas que me impidieron acompañarle. Talvez incluida un paseo a Paris dentro de alguna tiempo para ver esa hermosa capital y conocer (con preferencia a sus palacios) al célebre B. Constant, conde de Tracy, J.-B. Say y otros sabios ilustres cuyos lecciones sino por los amigos de sus principios.

Adiós mi amigo deseo a Ud. bien viaje y pronto regreso y me repito con toda consideración

Su at- invariables

José María Salazar

Annexes 6

Mission Chateaubriand en Colombie - 1824

***

14) Lettre de François-René de Chateaubriand, ministre des Affaires étrangères au général Donzelot, gouverneur de la Martinique, 27 décembre 1823

Général,

Cette dépêche vous sera remise par Mr Chassériau qui a déjà été honoré de votre confiance dans le cours d'une mission qui lui avait été confiée par un de mes prédécesseurs. La bienveillance que vous avez bien voulu lui conserver m'a décidé à l'envoyer de nouveau en Amérique dans des circonstances aussi importantes pour notre politique que pour notre commerce.

Il est naturel de supposer que les événements qui viennent de se passer en Espagne ont pu répandre dans l'Amérique des opinions fausses sur les intentions du gouvernement du Roi et que la malveillance aura cherché à en profiter pour nuire aux intérêts de notre commerce. On a pu facilement croire en effet que la France qui vient de relever le trône d'Espagne, fournirait à sa majesté catholique des secours effectifs pour réduire aussi dans le Nouveau Monde, des sujets révoltés et qu'elle devait être par conséquent considérée par les nouveaux États comme une ennemie.

Ces considérations ont décidé le Roi à envoyer Mr Chassériau dans un pays qu'il connaît déjà et dans lequel il peut mieux qu'un autre peut-être rectifier les opinions erronées que les circonstances ont pu accréditer et faire connaître les intentions du Roi telles qu'elles sont réellement. Ses instructions sont développées d'une manière très précise dans un mémoire qui est destiné à lui servir d'instruction et qu'il a ordre de vous communiquer. [...]

Le vœu du Roi est de parvenir à aménager, s'il est possible, entre les provinces américaines insurgés et l'Espagne quelques arrangements qui dédommagent celle-ci des pertes auxquelles elle sera sans doute forcée de se résigner. Mais il ne se dissimule pas que les conférences de Paris atteindront difficilement ce but et qu'elles n'auront probablement aucun résultat pour la pacification de l'Amérique. Le Roi ne veut cependant pas que le commerce français souffre de ces longues négociations. C'est là le motif de la mission de Mr Chassériau. Ses instructions lui prescrivent de s'attacher principalement à détruire tous les bruits qui pourraient nuire à nos relations commerciales et à veiller à ce que les sujets du Roi soit protégés dans toute l'étendue des provinces comprises sous le nom de Colombia. [...]

Je vous le répète, les instructions du Roi sont d'établir l'influence de la France et de la faire tourner s'il est possible au profit de l'Espagne mais, en tout cas, de ne pas sacrifier les intérêts du commerce français, ni les relations qui s'établissent entre ses sujets et l'Amérique espagnole ; de ne pas livrer à une seule puissance cet important débouché de l'industrie européenne. Ses grands intérêts ne peuvent pas, Général, être confiés en de meilleures mains, le Roi est convaincu d'avance que vous ferez pour le bien de son service tout ce qu'il sera possible de faire. [...]

Chateaubriand

---

15) Ordre du gouverneur Donzelot à Chassériau, agent commercial et maritime français en Colombie, 25 mai 1824

NOUS FRANÇOIS-XAVIER *Comte* DONZELOT, *Lieutenant-Général des Armées du Roi, Grand'Croix de l'Ordre Royal de la Légion-d'Honneur, Chevalier de l'Ordre Royal et Militaire de Saint-Louis, Gouverneur et Administrateur, pour le ROI, de la Martinique,*

Ordonnons à Mr. B. Chassériau, agent commercial et maritime français, de s'embarquer à la Guayra, sur la frégate de Sa Majesté, la Flore, pour être transporté à Carthagène, d'où il se rendra à Santa-fé de Bogota, pour y remettre les dépêches ci-jointes, à Son Excellence Mr. le Général Santander, Vice-Président, et à Son Excellence Mr. le Ministre des affaires étrangères, de Colombia.

Nous invitons les Autorités civiles et militaires, de laisser passer librement, ledit Mr. Chassériau, et de lui prêter, au besoin, secours et assistance.

Donné au fort-royal, Martinique, le 25 Mai 1824.

Donzelot

GOUVERNEUR ET ADMR DE LA MARTINIQUE

16) Instructions confidentielles du général Donzelot à Benoît Chassériau, 26 mai 1824 (extrait)

Instructions sur la mission de Monsieur Chassériau à Santa-Fe de Bogotá

Fort-Royal, le 26 mai 1824

[...] Sa Majesté, en rétablissement d'une manière si prompte et si glorieuse Sa Majesté le roi d'Espagne sur le trône de ses ancêtres, n'a d'autre but que d'éloigner les agitations qui pouvaient compromettre la tranquillité de la France. Elle a, non seulement, par ses relations de famille, mais par les services éclatants qu'elle a rendus avec tant de générosité, acquis le droit de donner des conseils salutaires, pour réparer les maux que l'Espagne et ses colonies, souffrent depuis tant d'années.

Aucune autre puissance que la France, n'est dans une situation plus propre à devenir le médiateur entre l'Espagne et ses anciennes colonies de l'Amérique, en guerre avec elle.

Le gouvernement de Sa Majesté très chrétienne peut dire à celui de Sa Majesté catholique, Nous ne pouvons plus rester à l'égard de vos colonies dissidente dans la situation où nous trouver, mais, nous en voulons rien faire que d'accord avec vous, et pour votre intérêt.

Profiter de cette circonstance et de notre appui, pour faire, avec ces mêmes colonies, des traités, qui en échange de l'indépendance que vous leur accorderez, puissent assurer à l'Espagne, des avantages commerciaux, qui l'a dédommagent, et rétablissent la confiance et les relations de famille, en calmant les haines et en cicatrisant toutes les plaies que l'état de guerre a rendu profondes. Pour vous, nous nous ne demanderons à ce nouveau gouvernement que leur amitié, et d'être traité pour le commerce que nous ferons avec eux, sur le pied des nations les plus favorisées. [...]

Tel est, Monsieur, le langage que les agents français sont autorisés à tenir aux gouvernements dissidents des colonies espagnoles. Il doit leur inspirer la plus entière confiance, parce qu'il est basé sur la bonne foi, et le désir ardent de faire cesser les calamités de la guerre, et de reconnaître de grandes familles, en posant les fondements de la prospérité future.

Je vous charge, y étant autorisé par le gouvernement de Sa Majesté, de faire confidentiellement, ces communications, d'abord à Son Excellence le ministre des Affaires étrangères et, ensuite à son Excellence Monsieur le vice-président de Colombia, lorsqu'il sera prévenu de l'objet de votre mission.
Il s'agit de proposer à ce gouvernement de demander la médiation de la France pour terminer ses différents avec l'Espagne. Je donne ici l'assurance que les ministres de Sa Majesté le roi de France sont très disposés, en vertu de ses intentions bienveillantes, à faire tous leurs efforts pour parvenir à une pacification honorable et avantageuse, tant pour l'Espagne que pour Colombia.
Après avoir fait connaître dans vos entrevues, l'importance de ses ouvertures, vous représenterez que leur objet doit être traité dans le plus grand secret, afin de ne point rencontrer d'obstacles politiques, et de conduire la négociation à bonne fin dans les intérêts réciproques et bien entendus de l'Espagne et de Colombia.
Si son Excellence le président ou son Excellence le vice-président, en son absence, est dans les intentions, comme je me plais à le penser, d'atteindre ce but digne de lui, et s'il est disposé à demander la médiation de la France, pour traiter de si grands intérêts, il resterait à nommer des plénipotentiaires qui se rendraient à Paris, munis des pouvoirs nécessaires pour accepter cette médiation, et entrer en négociation avec l'Espagne. [...]

Le comte Donzelot

---

17) Dépêche du Gal Donzelot au général Santander, vice-président de de Colombie, devant être remise par Benoît Chassériau, 20 mai 1824

À son Excellence Monsieur le général Santander, vice-président de la République de Colombia

Excellence,

Cette lettre vous sera remise par Monsieur Benoît Chassériau.
Je l'ai chargé de se rendre à Santa-Fe de Bogotá, pour faire de ma part, des communications confidentielles, à son Excellence Monsieur le ministre des Affaires étrangères du gouvernement de Colombia. Elles intéressent très particulièrement ce gouvernement. Mr Benoît Chassériau aura aussi l'honneur d'entretenir votre Excellence. Je la prie d'y avoir une entière confiance, et je ne doute pas qu'elle ne veuille bien prendre en considération les propositions qui en seront les objets, comme me faire connaître ce qu'elle jugera devoir arrêter à cette égard.
Il me reste à prier votre Excellence d'accueillir Mr Benoît Chassériau avec bienveillance et bonté.
Je saisis avec empressement cette occasion d'offrir mes civilités à votre Excellence, et de la prier d'agréer l'assurance de ma plus haute considération

Le lieutenant général
Gouverneur de la Martinique
Le comte Donzelot

Fort-Royal le 20 mai 1824

18) Dépêche du Gal Donzelot à Pedro Gual, ministre des Affaires étrangères de Colombie, devant être remise par Chassériau, 20 mai 1824

À son Excellence Monsieur le ministre des Affaires étrangères
de la République de Colombia

Fort-Royal, le 20 mai 1824

Monsieur,

J'ai l'honneur d'informer votre Excellence que j'ai chargé Monsieur Chassériau, qui aura l'honneur de vous remettre la présente, de se rendre à la Côte Ferme, pour détruire les bruits mensongers qui ont été répondus sur les intentions de la France, à l'égard des colonies espagnoles dissidentes de l'Amérique. Il a ordre de faire connaître que le gouvernement de Sa Majesté très chrétienne, n'a point changé de système dans la guerre qui existe entre l'Espagne et ses colonies dissidentes, et qu'elle continue à maintenir la neutralité qu'elle a observée jusqu'à ce jour, tout en faisant, cependant, les vœux les plus ardents, pour voir bientôt se réaliser le grand bienfait de la paix, sur des bases durables et dans les intérêts réciproques, de l'Espagne et de ces possessions.
J'ai donné moi-même, particulièrement, ces assurances à Messieurs les Intendants et officiers généraux, commandant la province de la Côte Ferme. Il m'est agréable de les donner aussi à votre Excellence, pour qu'elle veuille bien être persuadée des dispositions sincères de la France, et en faire part d'une manière certaine, à son gouvernement.
Monsieur Chassériau doit, en outre, faire à votre Excellence de ma part, des communications importantes, que j'ai été autorisé à vous transmettre par mon gouvernement. Elles intéressent essentiellement, celui de Colombia. Je me borne à prier votre Excellence dit avoir toute confiance et de les prendre en considération, comme de vouloir bien me faire connaître la réponse qui sera donnée. Je la prie également, d'accueillir, avec bienveillance, Monsieur Chassériau, quoi qu'il m'ait dit être connu de vous.
Je saisis cette occasion de présenter à votre Excellence l'assurance de ma très haute considération.

Le Lieutenant général
Gouverneur de la Martinique
Le comte Donzelot

19) Lettre du général Francisco Rodriguez del Toro, intendant du Venezuela à Benoît Chassériau, 2 juin 1824 (Caracas)

à Monsieur le chevalier Chassériau,
agent commercial et maritime français
près la Rép. de Colombia   Caracas, le 2 juin 1824

Monsieur,

Je viens de recevoir votre lettre d'hier qui m'annonce votre départ subi pour Carthagène et Santa Fé. Je suis fâché qu'avant de quitter cette province vous n'ayez pas pu venir faire un tour dans sa capitale, avec Monsieur le capitaine Mallet et ses autres officiers dont j'aurais été charmé de faire la connaissance. Je vous prie de lui en témoigner mes regrets, comme je vous prie de recevoir mes vœux pour votre voyage.
J'aurais voulu écrire à M. le comte Donzelot dont j'aurais désiré que M. Dabadie eut été porteur de mes dépêches. Mais la goélette qui est destinée à revenir à la Martinique, parti précipitamment qu'il ne peut en profiter, ni moi non plus. Mais s'il était possible que M. le capitaine de la frégate pût en différer le départ jusqu'à après-demain (vendredi), je lui en aurais une obligation particulière et j'en exprimerais ma reconnaissance à lui, et à M. le comte Donzelot. Il obligerait en même tems un compatriote estimable que vous connaissez.
Adieu Monsieur je vous réitère mes vœux et la considération très distinguée avec laquelle j'ai l'honneur d'être.

Votre très humble serviteur
Le général de div. intendant du Venezuela
Francisco R. del Toro

20) Lettre de Simón Bolívar au général Santander, 9 février 1825 (Lima)

[...] M. Chassériau semble être l'espion que les Français ont dans le nord de la Colombie et au Mexique. Il a pris la mort de Iturbide[119] et son gouvernement comme tristes nouvelles. [...]

(lettre conservée aux archives générales de la Nation du Venezuela)

21) Lettre de Simón Bolívar au général Santander, 8 mars 1825 (Lima)

[...] Ce qui m'occupe en ce moment, est la note du ministre français publiée par Morning Chronicle, et qui est censée être destinée à Chassériau. Ce document a une apparence naïve, bien qu'il puisse être truqué; mais je ne le pense pas, parce que les idées de la France y sont bien dépeintes. La vérité est que les Européens utilisent toutes sortes d'intrigues contre nous [...]

(Lettre conservée aux archives générales de la Nation du Venezuela)

22) Lettre de Simón Bolívar au général Santander, 11 mars 1825 (Lima)

[...] Nous venons de recevoir les communications du général Paez du 6 Janvier et 27 et 28 Novembre à Maracay, dans lesquelles il annonce l'approche des forces maritimes françaises au Venezuela. Tout cela est très crédible dans l'état des choses, si les instructions données à Chassériau par le ministre français, dans lequel il parle de l'usage de la force en cas de résistance, sont authentiques. [...]

(Lettre conservée aux archives générales de la Nation du Venezuela)

119 Agustín de Iturbide fut proclamé empereur du Mexique en 1822 sous le nom d'Augustin Ier. Il meurt le 19 juillet 1824.

Annexes 7

23) Membres de la loge maçonnique de *San Juan de Cartago, ordre de la Guayre,* République de Colombie (1822)

Militaires

- Francisco Avendaño, commandant de la place d'armes de la Guayre et ministre de la Guerre du Venezuela de 1845 à 1847
- Jose Montes (1789 Carthagène-...) colonel, commandant de la garde nationale d'artillerie et beau-frère du général Manuel del Castillo qui commandait la place de Cartagena
- Matias Padrón[120], capitaine du port de la Guayre. Contre-amiral de la marine vénézuélienne
- Felipe Esteves, capitaine de vaisseau de la marine vénézuélienne. Il présida la cour martiale du Venezuela

Hommes politiques

- Santos Michilena, négociant à Maracay. Il fut président du Venezuela par intérim en 1843, vice-président et plusieurs fois ministre des relations extérieures et de l'économie.
- Manuel Echeandia, ministre des finances à Quito puis ministre des Relations extérieures du Venezuela en 1837

Médecin : Pedro de Herrera, médecin du port de la Guayre

Négociants

- Miguel Aristiguera
- Pablo de Michelli (Paul Demicheli), négociant à Caracas
- Ramon Landa, négociant
- Andres Cavallero
- Jose Antonio Gonell, négociant administrateur de la Guayre et employé à l'administration des douanes

---

120 Matias Padrón figurait parmi les capitaines corsaires employés par Benoît Chassériau pour l'expédition secrète contre Portobelo en 1814.

- Simón Luyando, négociant et procureur de Puerto Cabello
- Jose Maria Castillo
- Jose Maria Fortique
- Samer Guedon
- Manuel Huiri
- Francisco Laraga
- Manuel Linares
- Ramon Landa
- Mocatta
- Cristobal Soto
- Francisco Serega
- Henrique Van Baalen
- Jose Ventunra Samana
- Josebio Yribarren
- Miguel Vargas, négociant à la Guayre qui commerçait principalement avec Porto Rico. Il fit partie de la commission chargée d'initier les souscriptions pour la Banque du Venezuela

== Index ==

== Sources et bibliographie ==

Ouvrages

- Andrade, Margot, *L'influence française en Colombie* - thèse de doctorat en histoire des relations internationales - Université de Nantes, 2009
- Bolívar, Simón, *Escritos del Libertador : Documentos, Volume 8* - Sociedad Bolivariana de Venezuela
- Ducasse, André, *Les négriers ou le trafic des esclaves* - Hachette, 1948
- Garnault, Émile, *Le commerce rochelais au XVIII siècle, d'après les documents composant les anciennes archives de la Chambre de commerce de La Rochelle*, 1898
- Groot, José Manuel, *Historia eclesiástica y civil de Nueva Grenada* - Casa editorial de M. Rivas - Bogota, I89I (expédition secrète – p. 281)
- Gutiérrez Ardila, Daniel, *Les commissaires de la Restauration auprès des Etats hispano-américains (1818-1826)* - La Révolution française, 2014
- Llano Isaza, Rodrigo, *Hechos y gentes de la primera República Colombiana (1810-1816)* - Biblioteca Luis Ángel Arango - Bogotá (Colombie), 2002
- Mendoza, Cristóbal, *Prólogos a los Escritos del Libertador* - Italgrafica, 1977
- Moreau, Jean-Pierre, *Une histoire des pirates* – Taillandier, 2016
- Ospina, William, *En busca de Bolívar* - Libreria Norma, Bogotá, 2010
- Puigmal, Patrick, *Diccionario de los militares napoleónicos durante la Independencia de los países bolivarianos : (Colombia, Venezuela, Bolivia, Ecuador)* / compilación e investigación - Centre de Recherches Diego Barros Arana de la Bibliothèque Nationale de Santiago (DIBAM), Chili, 2015
- Swanton Belloc, Louise, *Family history of the Chassériau family* (manuscript - Girton College Collection - Cambridge), circa 1870
- Vaudoyer, Jean-Louis, *L'histoire de Benoît Chassériau, consul de France à Puerto Rico*, Conférence du 17 juin 1935 à l'assemblée générale de la Société des Amis du Louvre - Paris, 1935

- Vega, Bernardo, *Breve historia de Samaná*, Fundación Cultural Dominicana - Santo Domingo, República Dominicana, 2011
- Verna, Paul, *Bolívar y los emigrados patriotas en el Caribe (Trinidad, Curazao, San Thomas, Jamaica, Haití)* – Ed. INCE, 1983 (p.42, 43, 96)
- Villanueva, Carlos, *La Santa Alianza* – Ed. Paul Ollendorff – Paris, 1910

Sites internet

- Archives de la banque de la République de Colombie (http://www.banrepcultural.org/)
- Archives générales de la Nation du Venezuela (http://www.agn.gob.ve/)
- Archives Hamilton College Library (Clinton, Etats-Unis), Beinecke Lesser Antilles Collection, Correspondance de Benoît Chassériau avec le général Donzelot (http://beinecke.hamilton.edu/)
- Archives des Amis du vieux Calais (www.amisduvieuxcalais.com)
- Archives nationales d'outre-mer (http://anom.archivesnationales.culture.gouv.fr/)
- Archives de la Charente-Maritime (https://archives.charente-maritime.fr/)

== Table des matières ==

Remerciements

Les précieux conseils, traductions et relectures de Françoise Gonzalez-Camarena, Patrick Puigmal, Georges-Henri Soutou, membre de l'Institut de France, et de mes parents André-Pierre et Françoise Nouvion.

Je les en remercie chaleureusement.

Notes sur l'auteur

Jean-Baptiste Nouvion est président de l'association des Amis de Théodore Chassériau depuis 1997. Il a récemment apporté sa contribution à l'organisation de l'exposition *Théodore Chassériau : Parfum exotique* au Musée national de l'art occidental de Tokyo (Japon). Diplômé de l'EM Lyon, il exerce son activité professionnelle au sein d'une institution financière à Paris.

www.ingramcontent.com/pod-product-compliance
Ingram Content Group UK Ltd.
Pitfield, Milton Keynes, MK11 3LW, UK
UKHW041945190726
13854UKWH00004B/1792